リヤ
Masuda

世界を救うmRNAワクチンの開発者　カタリン・カリコ

ポプラ新書
215

はじめに――ワクチンの女神はハンガリー人のアメリカ移民だった

２０２１年２月。新型コロナウイルス感染症（COVID-19）によるパンデミックの収束が見えない中、日本でもようやくワクチンの接種が始まろうとしていました。当初、新型コロナのワクチン開発には、最低でも２〜３年はかかる、といわれていました。しかし、わずか1年足らずの間に、緊急承認という形ではありましたが、ヒトに接種できる新型コロナワクチンが開発されたのです。その代表的なものが、日本でも使用されているファイザー製とモデルナ製のワクチン。いずれもアメリカの製薬会社ですが、開発の基礎を築いたのはハンガリー人でアメリカ移民の女性、カタリン・カリコ氏（66歳）です。カリコ氏が40年もの間、研究を続けてきたｍＲＮＡ（メッセンジャーＲＮＡ）を使った技術が、迅速なワクチン開発を可能にしました。「ｍＲＮＡワクチン」とも呼ばれているので、名前は聞いたことがある、という方も多いのではないでしょうか。

私がカリコ氏を知るきっかけとなったのは、自身が出演している「大下容子ワイド！スクランブル」（テレビ朝日系列）で、ワクチンの解説をしたことでした。放送前日の2月14日は「バレンタインデー」でしたが、日本では、１７９０年のこの日に初めて天然痘の予防接種を成功させたという「予防接種記念日」でもあります。そんな話から、ワクチン開発の歴史と現在についてひもといていく中で、今回の新型コロナワクチンの開発に大きく貢献したのがカリコ氏の長年の研究だったということを紹介したのです。カリコ氏を扱った時間は、ほんの2〜3分でしたし、その時点では彼女の存在はあまり知られていませんでしたが、なぜか私は彼女のことが気になって仕方がなかったのです。それは、私がもう10年以上、欧米を中心に難民・移民問題を取材してきていることや、２０１５年のヨーロッパ難民危機の際、ハンガリーに取材に行ったことも影響しているのかもしれません。

ファイザー製のワクチンを開発したのは、ドイツのバイオベンチャー企業ビオンテック。このビオンテックの創業者ウグル・サヒン氏、オズレム・トゥレシ氏もまた、トルコ系移民二世の夫妻です。10年ほど前に、ＣＥＯのサヒン氏がカリコ氏の講演を聞き、自身もｍＲＮＡの研究をしていたことからカリコ氏をバイス・プレジデント（副社長）として迎え入れ、ｍＲＮＡの技術を使った新薬の開発に着手していました。

モデルナ製のワクチンは、創業者のデリック・ロッシ氏が、ハーバード大学で幹細胞と再生医療の研究をしていたことに始まります。ロッシ氏は、山中伸弥教授のｉＰＳ細胞の論文に感銘を受け、自身もｉＰＳ細胞の作製について研究を重ねていました。その過程で、カリコ氏のｍＲＮＡの研究を知り、ｍＲＮＡの技術を使うとｉＰＳ細胞が効率よく作られることを発見した研究者でした。このことが、京都大学の山中伸弥教授とカリコ氏が出会い、よい関係性を築くきっかけとなりましたし、ｍＲＮＡの技術の認知度も上がって、ワクチン開発を大きく前進させることになったのです。

つまり、今回の新型コロナワクチンは、突然開発に成功したわけではなく、これまでの地道な、そして何人もの科学者たちの研究の積み重ねがあったからこそ。そして、その基礎を築いてきたのが、40年もの間、ｍＲＮＡひとすじに研究を続けてきたカリコ氏だったのです。このコロナ禍で、リモートインタビューとなりましたが、カリコ氏にインタビューできたことは私自身の財産となりました。明るく快活で気さくな人柄。誰に対してもきちんと正面から向き合う姿勢。そして何よりも研究を愛し、家族と母国ハンガリーを大切にしてきた彼女の生き方。その一つひとつが、コロナ禍という困難な状況の中で私の心にしみました。

もうひとつ、忘れてはならないのが、カリコ氏の人生を支えてきた母国ハンガリー時代の恩師たちです。中でも幼少期から彼女の才能に気付き、今日に至るまで交流を続けているトート先生の存在は、カリコ氏にとってかけがえのないもの。その大切なトート先生とも、ハンガリーと日本を結んで、リモートインタビューが実現しました。インタビューを受ける場所に、カリコ氏がかつて学んだ高校の生物学研究室を選んでくださったトート先生。当時の資料も用意してカリコ氏にまつわる様々な話をしてくださいました。生徒の知的好奇心を刺激して能力を引き出すだけではなく、ひとりの人間としてあるべき姿を、トート先生のやり方でカリコ氏に伝え、カリコ氏もその教えに応えてきました。ふたりの関係は、師弟関係のひとつの理想なのかもしれません。

この本は、ワクチンの効果を解説する本ではありません。新型コロナワクチン開発を可能にした「ワクチンの女神」カタリン・カリコ氏の研究者としての半生と、ひとりの人間としての生きざまを知ってほしい。そんな願いを込めて書きました。

本書が、コロナ禍にある人々の心に届き、様々な困難を乗り越える力に少しでもな

2021年3月、アメリカのペンシルベニア州の自宅からインタビューに応えるカリコ氏(上)と筆者

れたら、こんなに嬉しいことはありません。

2021年9月吉日

増田 ユリヤ

世界を救うmRNAワクチンの開発者カタリン・カリコ／目次

第2章
娘のテディベアにお金をしのばせて渡米
40年に及ぶ挫折続きのRNA研究　079

・本書の人名表記について、ハンガリーでは通常、姓名の順で氏名を表記しますが、本書では名姓の順にし、必要に応じて、慣用的な表記を採用しています。カリコ氏は、カリコー・カタリンではなく、カタリン・カリコとしています。

・本書に掲載している写真でクレジットのないもの、ズームインタビュー以外のものは、カリコ氏本人からの提供によります。

ハンガリー

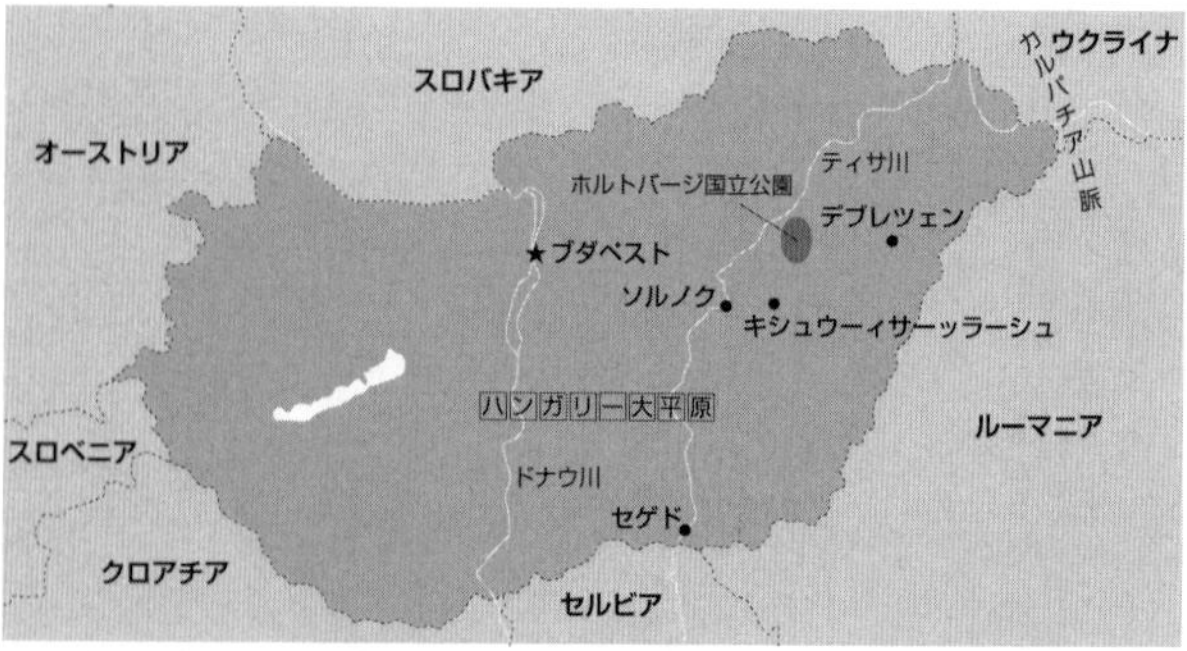

ハンガリー基礎データ ●面積　約 9.3 万平方キロメートル（日本の約 4 分の 1）/人口 約 970 万人 / 首都 ブダペスト / 民族 ハンガリー人（86%）、ロマ人（3.2%）、ドイツ人（1.9%）等 / 言語　ハンガリー語

第1章
科学者を知らなかったハンガリーの少女が研究に目覚めるまで

カタリン・カリコ氏を育んだ母国ハンガリーの自然

カタリン・カリコ氏を語る時、科学者としての素養を育んだ母国ハンガリーと、そこに生きる人々について触れないわけにはいかないだろう。

カタリン・カリコ氏は、1955年1月、ハンガリーの首都ブダペストから東南約100キロに位置するソルノクで生まれた。両親と姉との4人家族で、ソルノクからほど近いキシュウーィサーッラーシュという町で幼少期から高校までを過ごした。父親のヤーノシュは、バーテンダー（居酒屋の亭主）をしながら精肉店を営み、母親のジュジャンナは、会計の仕事をしていた。インタビューでも「私が育ったのは、ハンガリーの中でも小さな町で、とても貧しかったの」と彼女が言っていたとおり、一家は、かやぶき屋根でたった一部屋しかない一軒家に住んでいた。あるのは小さなストーブだけ。お風呂や水道もなく、水は井戸まで汲みにいくという暮らしだった。テレビや冷蔵庫といった電化製品もない。それでも、姉もカリコ氏も家が大好きで、一家はご近所でも評判の家族だったという。みな勤勉で誠実で、謙虚で優しい人たちだったからだ。それは、現在、世界中から注目されるようになったカリコ氏と話した時に私

カリコ氏の生家。カリコ氏が生まれた頃の両親と姉（1955年）

両親と姉と一緒に（1957年）

が感じたことと全く同じで、きっと当時からカリコ氏の人柄は変わっていないのだろうと思う。

カリコ氏に「どんな子どもだったか?」と聞くと、「木登りをして鳥の巣を探し、卵からヒナがかえったり、ヒナが大きくなって飛び立っていったりするのを観察するのが好きだった。毎日、庭にある鳥の巣をのぞいては、ヒナの成長を見ていた」という。そもそも人一倍好奇心旺盛な少女だったのは間違いなく、精肉店の父親が豚を解体する際に、そこから何か感じたり学んだりしてくれることを期待して、心臓や腸といった内臓をカリコ氏に見せたが、彼女が目を背けることはなかったそうだ。故郷の風景、野山のあらゆる自然に興味・関心をもち、樹木や草木、動物たちがどのように生まれ、成長し、その命を終えていくかを観察して、自分なりの結論を導き出していった。この故郷での原体験が、彼女が科学者を目指す出発点となった。

日々の生活はもちろんだが、学校教育がカリコ氏に与えた影響も大きい。

例えば、小学校時代の思い出を聞かれると「私はアラニ小学校(当時通っていた学校)の生徒だったんですよ!」と誇らしげに語る。小学校では、写真クラブに入ってフィルムの現像の仕方を学んだが、10年後に研究者となったときにその技術を生かせたことも、彼女の喜びと自信につながっていった。

小学校の実習で一番好きだったのは「土いじり」だ。夏休みには自転車で実習場所まで通い、植物を育てたり、野菜などの作物を収穫したりするのを大いに楽しんだ。

遠足と実習を兼ねたピオネールキャンプ（社会主義国のボーイスカウトキャンプのようなもの）も、彼女にとって忘れるはずのない、かけがえのない体験となった。このキャンプで、生涯の師となるアルベルト・トート博士の目にとまった。トート先生は、カリコ氏が住む町の高校の教師で、生物学が専門だった。

「カタリン・カリコは、カール・フォン・リンネのようだった」

トート先生は、カリコ氏を評してこう表現した（リンネは、18世紀のスウェーデンを代表する博物学者・生物学者）。それほどまでに彼女は優秀だったというのだ。

「当時のカタリンは、小学6年生の小さな女の子だったが、彼女は素晴らしい成績で自然科学のコンテスト（生物学の知識を競うクイズ大会）で勝利した。そんな彼女の姿を見て、私はコンテストの最後に、私が勤めていたモーリッツ・ジグモンド高校のクラブに彼女を招待した。このことが、私とカタリンの協力関係の基盤となったのだ。カティ（カリコ氏のニックネーム。トート先生は普段はこう呼ぶ）はとても好奇心旺盛な子だった。いつもくまなく下調べをし、与えられたテーマに対してどのような発表をするか考えて、念入りに資料を仕上げた。彼女はまだ小学6年生だったにもかかわらず、学者のような仕事をしていて、他の子どもたちの中でも明らかに目立っていた。知識が豊富なカティは、子どもたちや先生たちの間で人気者だった。当時のクラブのメンバーは、今なお彼女の成功を応援している」

「こんなエピソードがある。彼女が生殖・寿命・人口爆発をテーマに、様々な職業分野において何が将来的に変わる可能性があるかについて書いていたことを覚えている。人口爆発やグローバリゼーションが抱えていく問題について、カティはすでに応募者の中でも群を抜いて素晴らしい論文を書いていたのだ。それが子どもの頭で考え、述べられたということを忘れてはならない。その後、彼女が『子どもの頭』で書いた論文の内容が証明されるかのように、世界は変わっていった。世界の発展とその問題点を、彼女は当時からよく観察し、分析していたのだ」（トート氏のコメント／szoljon.hu より）。

その後、カリコ氏は、7年生の時には「生物界」（生物学の知識を競う大会）県大会で8位になり、8年生の時には、全国大会で3位になった。

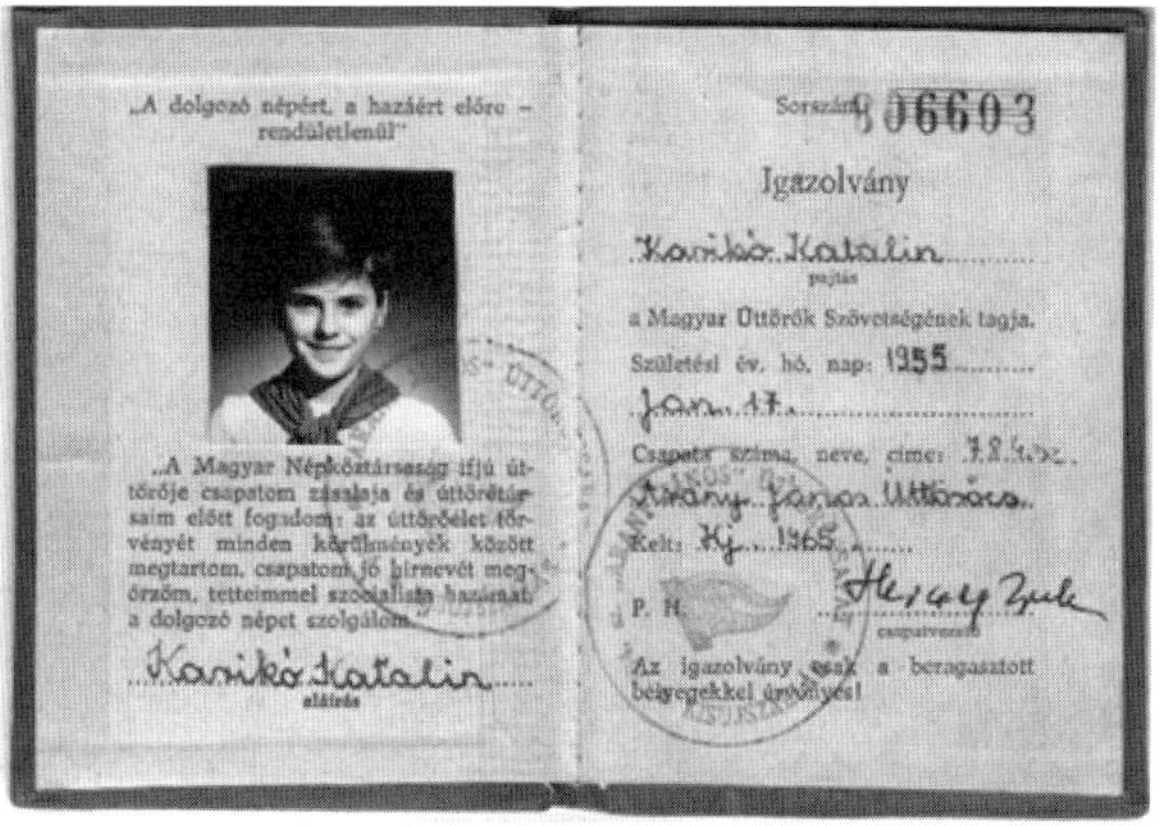

ピオネールキャンプの参加証（1965年）

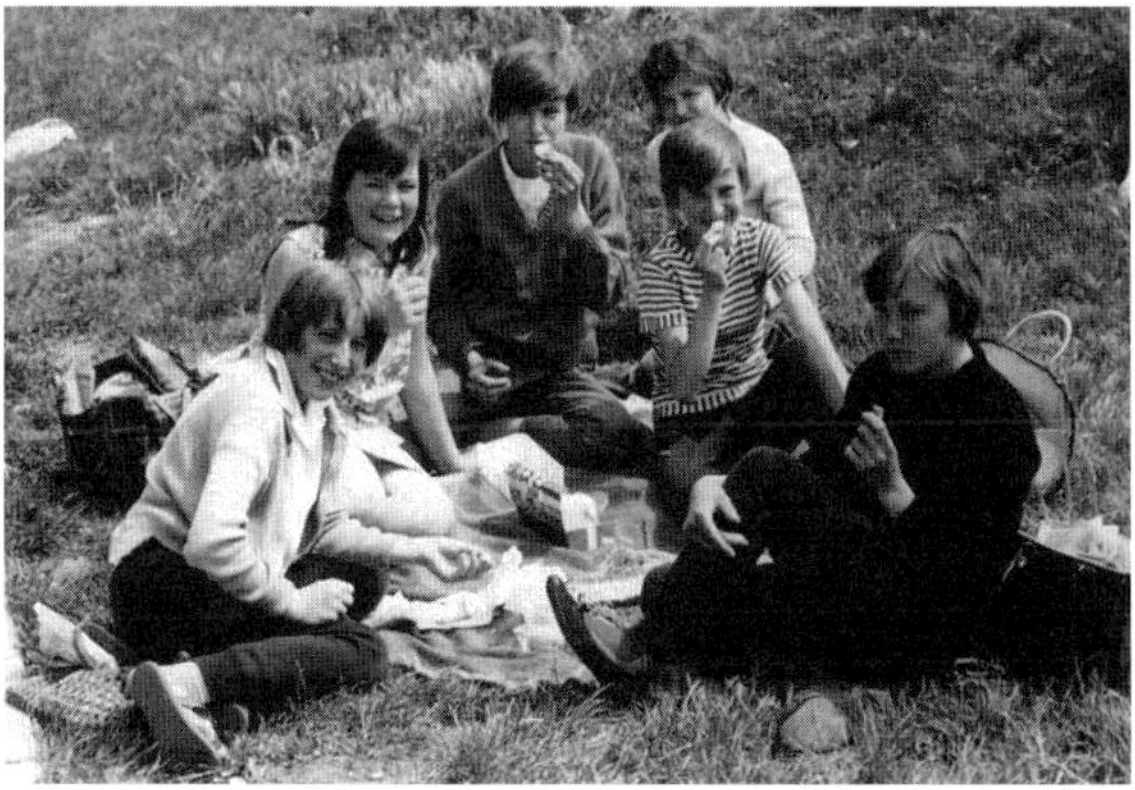

ピオネールキャンプの仲間たち（1968年）

ピオネールキャンプ時代の手帳を見ると、彼女がどんな課題に対しても責任をもって取り組んでいたことがうかがえる。カリコ氏は、小学校時代のことをこう振り返っている。

「小学校の集まりには定期的に参加していて、いつも仲間に会えるのが嬉しい。アラニ小学校が果たした役割は大きいと思う。主に、生徒たちは基礎知識を身につけ、それに加えて、コミュニティの中での規則を学び、また互いを思いやること、困っている人を助けることを学んだ。授業以外の課外活動は、個性を形づくり、生涯にわたる友情を築く上で大きな役割を果たした。それが、後の人生で私の趣味や職業となり、楽しんで取り組める活動を見つけることにも役立った」（カリコ氏）

◆カリコ氏をめぐる人々①
多大な影響を与えたふたりの科学者

トート先生は、カリスマ的な教師だった。小学校時代に彼に見出されたことは、のちのカリコ氏の人生を決定づけるものとなった。

カリコ氏は、トート先生が勤めていたモーリッツ・ジグモンド高校に進学した。

※ハンガリーの義務教育は基本的には、6〜18歳で、初等教育8年、中等教育4年の12年間を指す。また小学校就学前の1年は、就学準備として幼稚園に通園することが義務づけられている。しかし、実際の就学年齢は、保護者の判断で必ずしも6歳とはかぎらず、日本の中学校に相当する学校はない。大学への進学を前提としたギムナジウム（高校）や職業学校も、4年と固定していない。高校は各校でレベルがかなり違い、伝統的に理数系、外国語に強い学校などがある。

人生で心身ともにもっとも成長するこの時期に出合った一冊の本が、今なお彼女の人生を支える教えとなっている。

「ハンス・セリエ博士の書いた『生命とストレス』（細谷東一郎訳／工作舎／1997）というタイトルの本です。セリエ博士は、1907年、オーストリア・ハンガリー帝国時代のウィーンに生まれてプラハのドイツ大学医学部を卒業。当時はカナダのモントリオール大学教授をつとめていました。彼はストレスという言葉に新たな定義を加えました。この言葉はもともと物理学で使われていましたが、セリエ博士は

1930年代に心理学的な意味で使い始めたのです。この本を使ってトート先生と議論をしました」

「この本は私の人生に影響を与えてくれました。自分にできることに集中をして、他の人を気にしない方法をこの本から学んだのです。これはとても大切なことです。先生は私たちに考える力を与えてくれました。先生は解答をくれるのではなく考えさせたのです」(カリコ氏)

ハンス・セリエ博士といえば「ストレス学説」を唱えたことで知られる天才科学者である。そもそものストレスの意味は、「物体の外側から圧力をかけられたことで歪みが生じた状態」のことで、物理学の分野で使われていた用語だ。風船を指で押すと歪みが生じる。指で押す力をストレッサーといい、歪みが生じた状態をストレス反応という。この原理をもとに、私たちの心や身体に影響を及ぼすものをストレッサーとして分類し、そのストレッサーがわれわれの体調に変化をもたらす、ということを提唱したのだ。今では世界中の誰もが当たり前のようにこのストレスという言葉を使い、ストレスがいかに病気と関わっているかを知っていて、そのストレスを回避するための方法──例えば「癒やし」などのキーワードに代表されるあらゆる方策が一大ビジ

母校のモーリッツ・ジグモンド高校でトート先生や後輩たちと（2018年）
この高校は、250年の歴史があり、多くの科学者を輩出している

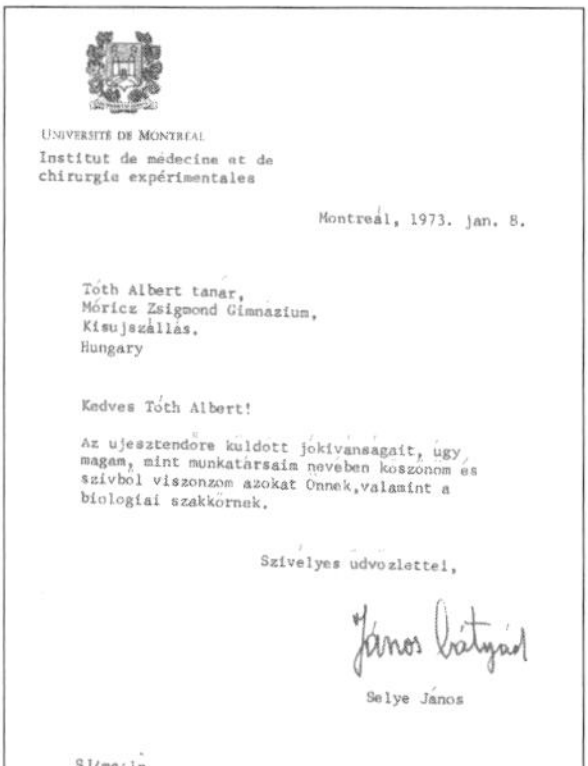

UNIVERSITÉ DE MONTRÉAL
Institut de médecine et de
chirurgie expérimentales

Montreál, 1973. jan. 8.

Tóth Albert tanar,
Móricz Zsigmond Gimnazium,
Kisujszállás,
Hungary

Kedves Tóth Albert!

Az ujesztendore kuldott jokivansagait, ugy magam, mint munkatársaim nevében koszönom és szívböl viszonzom azokat Onnek, valamint a biologiai szakkörnek.

Szivelyes udvozlettel,

János bátyád

Selye János

SJ/mg:ln

ハンス・セリエ博士からの手紙の返事（トート先生提供）。
署名には「あなたのヤーノシュ（ハンガリー名）」とあり、
親しみを込めた書き方で送ってくれた

ネスにもなっている。

すべての病気の原因が病原体にあるものと信じられていた1930年代に、セリエ博士はそのことを突き止めたのだ。

カリコ氏は学校の生物学研究サークルに所属し、カナダのモントリオール大学で研究を続けていたセリエ博士と文通を始めた。サークルの予算内という限りはあったが、カリコ氏はもちろん、生物学研究サークルの生徒たちにとって、このやり取りは大いなる刺激となった。

セリエ博士は、文通をするうちに、生徒たちに自著を送ってくれた。その本こそが前述の『生命とストレス』。これを読むと、現在に至るまで、40年もの間、ひたむきに実験と研究を積み重ねてきたカリコ氏を理解できる。

この本全体に貫かれているのが「誰かの頭で考え、誰かの目で見るのではなく、自分自身の頭と目で先入観なしに進んでいけ」ということだ。オーストリアの修道士が、修道院の庭で何種類かのエンドウ豆の交配を楽しんでいたことから発見された「メンデルの法則」や、英国の細菌学者アレキサンダー・フレミングがインフルエンザの研究を行なっていた時に、ブドウ球菌の培養皿の中にたまたまカビがひとつ紛れ込んだことによって作られた物質が、バクテリアを殺すことに気付き「ペニシリン」という抗生物質の発見につながった、といった事例を数多く紹介しながら、物事の本質をつかむ直観的把握力の重要性と、それらが電子顕微鏡などを使わずとも、自らの目で見るという「簡単な観察」によってなされた発見であることを紹介している。実際、セリエ博士がストレスによって生じる身体の変調を結論づけるために行なったのは、ラットを束縛することで不安というストレスを与えて、副腎や胸腺、胃の粘膜にどのような変化があったかを見る、という類の実験であり、ストレスを与えたラットと与えていないラットの該当部位を目で見て比較する方法であった。

ビタミンCを発見しノーベル生理学・医学賞を受賞したセント・ジュルジ・アルベルト

セリエ博士と同じように、カリコ氏たち生物学研究サークルの部員たちと文通を続けた人がいた。それが、元セゲド大学学長で、1937年にノーベル生理学・医学賞を受賞したセント・ジュルジ・アルベルト博士（1893―1986）。ビタミンCを発見・命名した科学者である。そのビタミンCを発見した際に、彼が実験に使ったのが、ハンガリー名産の香辛料の原料であるパプリカだった。パプリカを大量精製して得られる物質の構造がアスコルビン酸と同じものであり、壊血病（粘膜が腫れたり出血したりする）を防ぐ効果があることを突き止めたのだ。

アルベルト博士は、もともと医学に関係している貴族の出自で、ブダペストの医学学校を卒業後、第一次世界大戦の前線で医学の経験を積むことになった。戦争が終わるとオーストリア＝ハンガリー帝国が崩壊し、ハンガリーには軍事政権が樹立された。将来が見えなくなったアルベルト博士は、１９１９年、ヨーロッパ各地とアメリカへ放浪の旅に出た。

医学における彼の興味は、エネルギーが細胞内に酸化を発生させることだった。要は、身体にサビを生じさせるメカニズムだ。それを制御する化合物が牛の副腎腺から抽出されるものであることを突き止めたアルベルト博士だったが、研究を続けるには多くの牛の副腎とお金が必要だった。常にスポンサーを探していた彼の能力を見出し、ブダペストに招聘《しょうへい》したのが、当時の教育大臣クノ・クレベルスベルグ卿だ。大臣はハンガリーの将来にとって、近代科学の中でも実験生物学が重要だと若きアルベルト博士を口説き、新設されたばかりのセゲド大学にロックフェラー財団の支援で生化学研究所を創設することを提案した。1931年当時、英国ケンブリッジ大学で約束されていたキャリアを見送るほど、この提案は彼にとっては魅力的なことだった。大学教授だからとおごり高ぶることもなく、学生を家に招いたり、一緒に出かけたりするなど、とてもオープンな人柄だった。そんな彼を慕い、研究にも熱心に打ち込む有能な研究者が育っていった。

一方、自身の興味関心事である、牛の副腎腺から作られる物質の研究も継続していた。その化合物は酸っぱい味がして、分子の中に6個の炭素原子をもつことがわかっていた。同様の物質はオレンジにも豊富に含まれている。そこでふと、アルベルト博士は、夕食後に残っていた新鮮なパプリカを調べてみようと思いついた。すると何と、オレンジの6倍（1キロあたり2グラム）も含まれていることがわかった。牛の副腎腺と比べても、パプリカならたくさんあるし、化合物をキロ単位で入手することも可能だから、より多くの実験ができる。こうしてアルベルト博士はビタミンCを発見、命名した。ビタミンCは、壊血病を防ぐだけでなく、細胞の酸化を制御、健康を維持し病気を防ぐ重要なものだと認識していたという。

アルベルト博士は、ノーベル賞受賞後にセゲド大学学長に就任した。1940年代前半という軍国主義的な空気に飲み込まれそうな時期だったが、戦時体制の中にあっても、学生たちが向かうべき方向に気を配り、自由な思考ができる場をつくる努力をした。ハンガリーはドイツに巻き込まれる形で枢軸国側に立ち戦争に突入していった。

第二次世界大戦後、アルベルト博士はブダペスト大学の教授となり、生化学研究所を創設した。保守的な歴史家や政治学者が支配しているハンガリー科学アカデミーに対して、近代的で民主的な協会をつくる活動にも参加し、さらには市民民主党の党首になって、国会議員としても活動をすることになった。しかし、ハンガリーの戦後民主主義は長く続かなかった。スイス滞在中だった彼は、1947年、ハンガリーに戻るのは危険だと判断し、帰国を断念して、アメリカで研究をするようになった。アメリカでの研究は容易でなかったが、マンハッタン計画で有名な物理学者のオッペンハイマーがプリンストン大学に招待してくれたことがきっかけで、私的な研究所を創設することを発案。そこには、原子爆弾やコンピュータの動作原理などを開発した数学者ノイマン（ハンガリー出身）や、DNAの二重らせん構造を発見し、ノーベル生理学・医学賞を受賞したワトソンなど、多くのノーベル賞受賞者が定期的に集まるようになったという。

彼は自伝の『Lost in the 20th Century』の中にこんな言葉を残している。「いつの時代にも、前科学的な思考が安定した世界をつくり上げてきた。しかし、科学は多くの人々により良い生活環境を創り上げているだけでなく、神や王や貴族の古いヒエラルヒーや、持つ者と持たざる者、裕福な者と飢える者、先進と後進の古い秩序を根底から崩しているのだ」（『異星人伝説　20世紀を創ったハンガリー人』）

アルベルト博士はまた、1965年のBBCのインタビューで科学に向き合う姿勢についてこう述べている。

「科学の基礎は、絶対的な妥協のない正直さと善意とコラボレーションと謙虚さであることを非常に強く感じています。科学はすべての国と、さまざまな人種、信条をもつすべての人々の努力の上に構築されているので、私たちはそれらを切り離すことはできません」

「科学にとって本当に不可欠なポイントは、新しい考え方、謙虚な考え方です」

セリエ博士とアルベルト博士という世界的に著名なふたりの科学者との文通が、カリコ氏に刺激を与えなかったはずはない。高校の生物学研究サークルでは、ハンガリーの著名な生物学者の名前を冠した「イェルミ・グスターヴ賞（自然科学賞）」を設立。1973年、第1回の受賞者がカタリン・カリコ氏であった。

この話には後日談があり、翌1974年、生物学研究サークルは、ハンス・セリエ博士とセント・ジュルジ・アルベルト博士にも、このイェルミ・グスターヴ賞を授けることとした。カリコ氏に続き、第2回の受賞者となったふたりは、これを快く受け取ってくれたという。

「私は、実際に科学者と会ったことはありませんでしたが、高校生のときに科学者になることを決めました。科学者がどんなことをしているかは知りませんでしたが、私はやってみたいと思いました。具体的なことはわからなかったけれど、やりたいことをやろうと思ったのです」（カリコ氏）

◆カリコ氏をめぐる人々②

カリコ氏の恩師　アルベルト・トート先生に訊く

カリコ氏に話を聞いたときに、たびたび出てきたことばがある。それは、「恩師を大切にしなければいけない」ということだ。アメリカにいる彼女が、今なお頻繁に電話をかけ、連絡をとり合っている相手が高校時代の恩師、アルベルト・トート先生である。「科学者は自分のことを話すのが苦手」と謙虚に語るカリコ氏について、トート先生なら彼女のことを話してくれるかもしれない。そんな思いでハンガリーのトート先生に取材を申し込んだ。当初は書面で質問を送り、それに回答をいただく、という予定でいたが、質問内容をご覧になったトート先生自らが連絡をくださり、直接話をしたいという。しかも、インタビューを受ける場所をカリコ氏の母校である高校の生物学研究室にしましょうとご提案くださったのだ。もちろんこのコロナ禍で、私自身がハンガリーに行くことは叶わず、リモートでのインタビューとなったのだが。

トート先生ご自身も新型コロナウイルスに感染し、療養を経て、ようやく日常生活に復帰したというタイミングでの取材。それでも、教え子カリコ氏に対する思いを長時間にわたり、存分に語ってくれた。

（２０２1年8月26日　ハンガリー　モーリッツ・ジグモンド高校生物学研究室と日本をつないでオンラインインタビュー）

――はじめまして。よろしくお願いいたします。

こちらこそ。私も、こういう形で遠い日本の方とお話しできることを嬉しく思います。遠く離れていますが、同じテーマでつながりをもってお話ししていきましょう。

――カリコさんと初めて会ったのは、いつ頃ですか？

私が初めてカタリンと会ったのは、彼女が幼稚園のころです。うちが近所同士で、彼女のお父さんが精肉店を営んでいたので、買い物に行ったときによく彼女を見かけました。幼いカタリンは、例えば豚を解体する際にも、逃げ出したりすることなく、じっとその様子を見ているような子だったんですよ。だんだん成長して、小学校に通うようになると、さらに彼女の才能や将来の方向性がはっきりするようになっていきました。国レベルの生物学の大会でも活躍しました。高校時代はもちろん、セゲド大学に入学してからも、家族一緒に彼女の研究室を訪ねたりしていました。とてもよい関係でした。それは今も続いています。

――カリコさんの才能を、どんなときに感じましたか？

彼女は周りのあらゆることに興味をもつ子どもでした。例えば、庭に鳥の巣があって、そこに卵が産みつけてあると、それがヒナにかえって成長する様子を来る日も来る日も見て過ごすとかね。父親の仕事にも頻繁について行って、それを見ていた様子などからも、今のカタリンの才能の片鱗《へんりん》がうかがえます。特に小学校に上がるころから、彼女自身が興味をもっていることと、彼女の才能が一致していることが明らかになっていきました。ですから、小学校５～６年生の時期でも、まだ彼女の年齢では早いんじゃないかと思われるような生物学のコンテストにも参加して、易々と優勝したんです。幸いなことに、彼女の後ろには、小学校とはいえ上手にサポートしてくれる教師たちがいました。その教師たちに支えられて、カタリンは、力強くすくすくと育っていくことができた。しかも、彼女はそうしたサポートを実に素直に受け入れて、努力を続けていったのです。そんな彼女の頑張る姿に、先生たちもどれだけ励まされたことか。お互いに支え合っていたのですよね。

彼女がどういう人物かを象徴するエピソードをご紹介しましょう。

ハンガリー北東部に、ホルトバージ国立公園という世界遺産があります。別名ハンガリー大平原と呼ばれるこの地域は、ドナウ川とティサ川流域に広がる中央ヨーロッパ最大の牧草地で、およそ８００平方キロの広さを誇ります。遊牧騎馬民族を祖先にもつマジャール人が2000年以上にわたって営んできた遊牧民の暮らしや文化が今なお残っていて、ハンガリーでしか見られない種類の牛や豚、羊などの動物や、300種以上の野鳥の姿も見られます。

もう、50年近くも前の話になりますが、このハンガリー大平原を整備して国立公園にしようという活動が立ち上がりました。私自身、この活動の中心メンバーだったのですが、彼女を研究団の一員として連れて行こうと決めたんです。当時の彼女は、大学2年生、20歳ぐらいだったと記憶しています。私の専門は環境学で、彼女の専門は生物学。ですから、周りからは、なぜ、生物学という違う分野の研究者で、調査に参加するのも初めてで、しかも若い彼女を連れて行くのかと、問いかけられました。

しかし、私としては、これからハンガリーで初めての国立公園として整備していく大平原の研究を、一緒に熱心に進めていける人を連れて行きたかった。だからこそ、私がもっとも信頼している教え子のカタリンを指名したのです。

――具体的な活動ですが、土壌を調査するとか、そういうことですか?

いい質問ですね！　まずお話ししなければならないのは、ホルトバージまで行く手段です。

ここキシュウーィサーッラーシュからホルトバージまでは、約90キロあります。

カタリン自身も「かなりの距離だったわ」と言っていましたが、泥道だったり、牛が歩くような草地だったりという場所を、彼女は自転車を走らせて来るんです。ホルトバージにたどり着くこと自体が体力を必要とすることでした。しかも、日差しを遮るものが何もない、炎天下の大平原で、土を掘ったり、植物を採取したり、生物を探したり、といった活動をするのですから、肉体労働そのものです。しかし彼女は、一言も文句を言ったりすることなく、それどころか楽しみながら、非常に意欲的に調査を進めてくれました。自分の専門分野でないにもかかわらず、学年が自分より上の大学生から下の若者まで、様々な参加者と協力しながら、グループのリーダーとして活躍してくれたのです。

これ以後、ホルトバージの研究合宿は毎年繰り返し行われるようになり、ここの高校の生物学研究サークルのメンバーも、毎年参加するようになりました。

――カリコさんも、高校時代は生物学研究サークルのメンバーでしたよね？

そうです。あれから50年経つんですよね。

生物学研究サークルは、常に熱心に学問に取り組んできました。カタリンが高校生だった頃は、私がサークルの顧問でしたが、彼らのために何かできることはないか、と考えたときに、ハンガリー人で世界的に活躍している学者たちに、この研究サークルのサポートをしてもらったらどうか、と思いついたのです。

ひとりは、セント・ジュルジ・アルベルト博士。ビタミンCを発見して命名し、ノーベル生理学・医学賞を受賞した方です。彼は当時、アメリカで活躍しているハンガリー人として大きく取り上げられていました。ぜひ彼に、この研究サークルをサポートしていただきたいと思って、私は手紙を書いたのです。でも、このキシュウーイサーラーシュという小さな田舎の町から、アメリカに手紙を送ろうにも住所すらわからない。とりあえず、書いた手紙を手に、町の郵便局に相談に行きました。窓口では、一度退職して、お手伝いに来ているといった風の高齢の方が応対してくれたのですが「有名人だから大丈夫だよ、名前とUSAとだけ書けば届くから」と言うんです。半信半疑でしたが、他に方法もない。言われるがままに、書留郵便の表に「Dr. Szent-Györgyi USA」とだけ書いて出しました。

すると、翌週にちゃんと返事が届いたんです！「キシュウーィサーッラーシュで学問を頑張っている皆さまへ」というメッセージと一緒に本も贈ってくださいました。1972年10月7日のことでした。

もうひとりは、ハンス・セリエ博士。彼とはつながりがあって、住所もわかっていたので、連絡はとりやすかったんです。彼からも同じように「キシュウーィサーッラーシュで頑張っている皆さん、さらに努力を重ねてください」というメッセージをいただき、関係がもてるようになりました。

彼らは偉大な科学者であっただけでなく、人間としても素晴らしい人たちでした。手紙が送られてきたときに、差出人がどういうステータスの人かということに関係なく、内容を見て判断して、きちんと対応してくれたのです。全世界的に認められている科学者が、故郷ハンガリーの小さな町で頑張っている若者たちに手紙をくれた。それだけでも彼らの偉大さがわかると思います。手紙は、この（生物学研究室の）すぐ隣の実習室で書いて送ったんですよ。

――カリコさんも含め、手紙を受け取ったときの生徒たちはどんな反応でしたか？

両手を挙げてこんな風に（トート先生がポーズをとる）、やったー！って感じで喜んでいました。博士たちはそれぞれ、アメリカやカナダに住んでいるといってもハンガリー人なので、カタリンたちは、ハンガリー語で心を込めてお礼の手紙を書いていました。その手紙にも、またさらに返事が来たんです。手紙の内容は、学問に関することだったり、時には日常生活の中のたわいもないことだったりしたのですが、こうした手紙のやりとりは、サークルの研究活動の中で行っていましたので、ずっと続きました。

世界的な学者と高校生との関係でしたが、ちゃんとコミュニケーションをとり、つながりがもてたと言えると思います。ラボ（研究室）の中での活動だけで、その人の（学者の）素晴らしさがわかるわけではない。人間としての日頃からのふるまいや、他者に対する姿勢から、その人がどういう人か、ということがわかるんだと思います。

カタリンも、そういう経験があったからこそ、自分が今のように有名な研究者になっても、サークルの生徒からの手紙にきちんと返事もしてくれるし、どんな内容にも答えてくれているんですよ。当時の学者たちとの手紙のやり取りから学んだ人間としての生きる姿勢が、彼女にも受け継がれ、50年経った今でも、サークルの活動として引

ハンガリーと日本をつないだZoomインタビュー。トート先生は生物学研究室で取材に応えて下さった

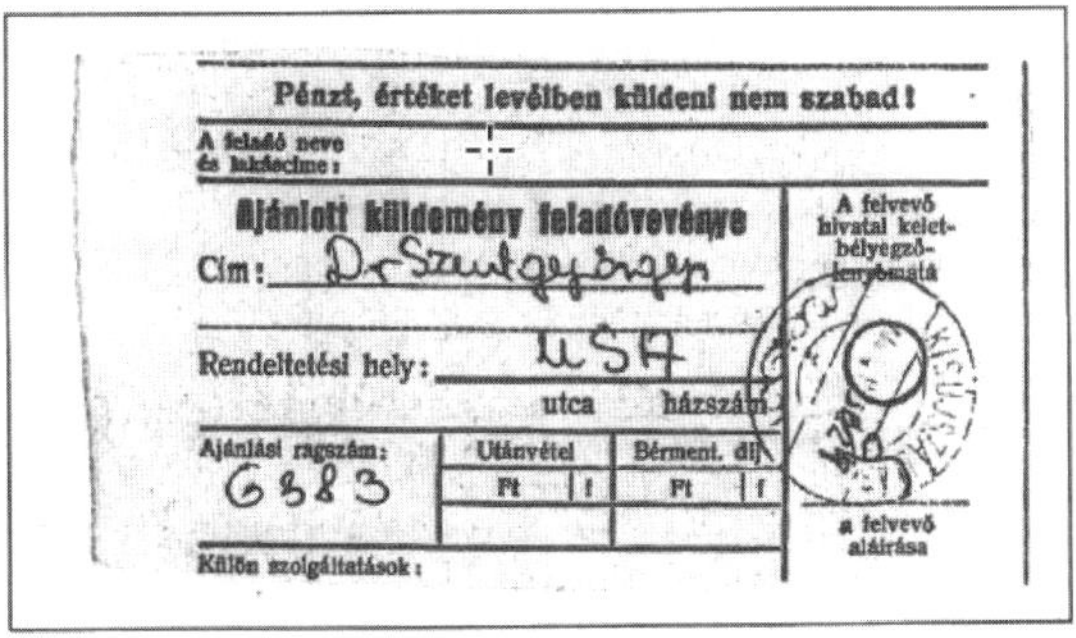

Pénzt, értéket levélben küldeni nem szabad!

A feladó neve és lakáscíme:

Ajánlott küldemény feladóvevénye

Cím: Dr Szentgyörgyi

Rendeltetési hely: USA

utca　házszám

Ajánlási ragszám: 6383

Utánvétel		Bérment. díj	
Ft	f	Ft	f

Külön szolgáltatások:

A felvevő hivatal keletbélyegző-lenyomata

a felvevő aláírása

トート先生が当時、「セント・ジュルジ・アルベルト博士、ＵＳＡ」とだけ書いて出した書留の控え。博士からはすぐに返事がきて、トート先生は今もその手紙を大事にとっている（トート先生提供）

き継がれている。このサークルでは世界的な学者とやり取りができるという伝統が残っている。現代では、そういう学者の方が少ないと思いますが、カタリンはそれができる研究者。彼女の素晴らしさでもあります。

――ハンス・セリエ博士から贈られた本のことが、カリコさんからしばしば語られます。彼女の人生の支えになっているんですね。

セリエ博士からは、10冊近く本が送られてきました。その最初の一冊が『生命とストレス』です。ここに彼からの手紙もあります。署名のところに「あなたのヤーノシュ」というような、友人に書くような親しみを込めた書き方で、送ってきてくれました(25頁写真)。

成功は、時にその人の人格をゆがめてしまったり、悪い方向に導いたりしてしまうことがあります。ハンガリーの詩人の作品に「小川が海に流れるように……」という一節がありますが、その詩のように、彼女はどんなに成功しても元々の素直な人間のままでいられる。そういう人間に育ってくれた。高校時代の経験が、彼女の人生にいい意味で大きな影響を与えたということなんだと思います。どれだけ大成功してもその後も変わらず、素晴らしいモラルをもって生きているということ。それが重要なことなんです。

――カリコさんの卒業後は、どのように関係を築いていったのでしょうか。

彼女が高校を卒業したあと、セゲド大学に家族で訪ねていったこともあるし、アメリカにも行きました。セゲド大学では、彼女の実験室も訪ねました。ネズミを使って何か実験をしていたので、私の子どもにとっては印象深い体験だったようでしたが、私にはその実験がよくわからなくてね。その後、研究論文が発表されたときに、ああ、あの時の研究の成果がこれなのかな、と思った程度でした。私にとっては、実験の内容よりも、カタリンに会うことの方が重要でしたから。

アメリカには、1991年の春、私が国会議員だった当時に訪問団として行きました。ですから、彼女に会いに行ったわけではなかったのですが、それを知ったカタリンが駆けつけてきてくれたんです。博物館をはじめ、あちこちに連れて行ってくれて、観光案内もしてくれた。食事にも招待してくれました。会って元気な姿を見て、話ができて嬉しかったです。

こんな風によい人間関係がずっと今日まで続いているんです。これこそが、教師と教え子のあるべき姿なのではないかと思います。

――カリコさんのワクチン開発とノーベル賞について、どう思っていますか?

彼女が地道に積み重ねてきた研究のおかげで、新型コロナにかかってもワクチンがあるから大丈夫だという安心感がある。感謝しています。

人類の歴史を見ると、時代ごとに、新たな問題が起きた時に、それまでとは違う考え方で新しい解決策を生み出す天才的な人間が生まれます。そうした人たちによって、歴史が変わり、大きな流れとなる。カタリンはそういう存在のひとりでしょう。素晴らしい頭脳をもった、素晴らしい存在。歴史上で偉業を成し遂げた人たちと同じ存在だと思っています。

ノーベル賞をもらうということは、当たり前ですが簡単なことではありません。偉大なノーベル賞受賞者はたくさんいますが、先ほど手紙をお見せしたカナダのセリエ博士。彼は、誰しもが悩まされる「ストレス」を解明し、人類のために大きく役に立つ素晴らしい研究をしていました。しかし、9回もノーベル賞候補にあがりながらも、結局とることができなかったんです。ノーベル賞の選考には、政治の世界が絡んできますから。

私自身は、彼女をすごく応援していますし、ノーベル賞をとってほしいと思っていますけれど、実際にどうなるかを知っているのは、政治の世界のみだと思います。

以前カタリンに聞いたことがあるんです。セリエがいいか、セント・ジュルジ（アルベルト）がいいか、どちらが彼女にとってより偉大な学者かと。カタリンは「私にとってはセリエだ」と言っていましたね。

彼女がノーベル賞をとるようなことになれば、高校時代に憧れて、文通までしていた素晴らしい研究者たちと同じレベルに並ぶことになります。それは誇らしいことですよね。

しかし、基本的には、学者として活動する人、その他の分野で活動する人もそうですが、いるべきところにいる人になる、ということに尽きます。カタリンより優れた人がいれば、その人がしかるべきポジションにつき、活躍するようになる。それが事実です。ただ、いつの時代もそこには政治的なことが絡んできます。でも、それも仕方のないことで、そのために低いポジションになったとしても、それは力がなかった、ということだとも言えます。

――アメリカに渡ってからも、カリコさんは数々の困難に襲われました。

彼女が難しい状況にあった時でも、私は励ますというよりは、まず、よい雰囲気で会話をする。それで彼女の話を聞いてあげる。いつも、どんな時も、私たちはそういう関係です。セゲド大学で研究を続けるのが難しくなった当時も、アメリカに行くかどうか悩んでいるという話を聞きました。しかし、実際に行動したのはカタリンですし、その後の道を開いていったのも彼女本人です。

90年代に私が国会議員になった時には、各方面とのつながりもできたので、この人はと思った人に、「カタリンは優秀な研究者ですから、サポートしてあげたらいいかもしれないですよ」程度のことを、一言二言彼女のために言ってあげることはできるようになりました。でもその程度のことであって、いくら私が彼女のことを売り込もうとしたところで、彼女に実力がなければ何事も達成できません。

そんなこととは関係なく、彼女は素直に、自分の進むべき道を歩んできた。それだけの力が彼女にはある。いくら困難に出合っても、彼女は絶対に諦めず、どんな時にも自分の信じる道を素直に進んでいく力をもっていて、そのおかげで、彼女は自分の研究を進めていくことができたのだと思っています。

――トート先生のように、ハンガリーの教師が優秀なのはなぜですか？

ハンガリーで学問に携わっている人たちが、どういうバックグラウンドをもっているかということが大きく影響していると思います。例えば、この近くの小さな町で農場を営んでいる家庭から、町を出てヨーロッパの大学で学び、またこの町に帰ってきて、町で初めての学校を立ち上げた人物がいます。農家の子どもだった人が町の教育の基礎を作ったわけです。ハンガリー人の中には、信じられないようなバックグラウンドから出て、まわりまわって研究者や知識人になった例がたくさんあります。そういう人たちから受け継がれてきた知識や考え方、そして何よりもモラルが影響しているると思う。生きる規範ですね。モラルを大切にし、信じて正しい道を進む。そう考えて生きていくのがハンガリー人の気質とも言えますね。

まさにカタリンも、ハンガリー人としての気質を受け継いだひとりであり、小さな町から出て、世界的に活躍する研究者になったいい例でしょう。

――カリコさんがノーベル賞をとったら、何と声をかけてあげたいですか？

「これまでと同じように、今後も研究を続けていきなさい」と言うと思います。そして彼女はそのとおりにしてくれると信じています。おめでとう、と言うかもしれないけれど、それよりも重要なことは、変わらないことです。


トート先生はインタビューの中で、何度も「モラル」という言葉を口にしていた。トート先生が一番嬉しく思っていることは、カリコ氏がノーベル賞をとることよりも、彼女が子どものころから今まで、全く変わらずに、素直にひたむきに、黙々と日々研究を続けていることだという。

80歳になった今、トート先生自身も、変わらずにハンガリー大平原の研究を続けている。


――先生はなぜ、今なお大平原の研究を続けているのですか？

私は、カルパチア山脈を背に広がる大平原を愛しています。その魅力は、決して難しいことではなくて、どれだけシンプルかということに尽きるんです。今の時代、物事を複雑に考えすぎていますよね。グローバル化で、すべてのものが複雑に混ざり合って、つながって、しかもすべてがお金に動かされている、そういう世の中になっています。それに対して、真実は、大平原のようなシンプルなところにある。それが大平原の魅力です。これは、大平原のことに限らず、モラルの問題でもあり、私は大平原を信じています。

——トート先生は、国会議員を続けながら、教壇にも立っていたのですか？

国会議員をやりながら、フルタイムではないけれど、時間をやりくりして教えることもしていました。議員を辞してからも、教えることを続けました。先ほども大平原の話でお伝えしたとおり、いたってシンプルです。

1990年～94年まで、ちょうど体制が変わった時に国会議員になりました。自分からなったというよりは、周囲の人に請われてなったという感じでした。あなたはぜひ議員になるべきだと言ってくれたので、自分のやるべきことかもしれないと思って議員になったという感じです。

――どんな政策を実現したのでしょうか。

大平原の研究者から議員になった自分が誇りに思っているのは、ハンガリー大平原という地域を保護する国会決議ができたことです。今も国会では、与党と野党が激しく戦っていますが、この時は、与野党関係なく、386人いる国会議員のうち、最後の投票のときに反対したのがわずか4人だったんですよ。382人が賛成票を投じてくれた。大平原はすべてのハンガリー人のためのもので、保護活動はサポートすべきものである、という点で意見が一致した。議員としての活動で一番大きな出来事でしたね。

あの頃は、よろしくない社会主義体制から大きく変わることを信じていました。でも、その頃からわかっていたのは、そのよろしくない社会主義体制が、うっすらと、こっそり戻ってこようとするだろう、ということ。その流れが現在に至っても残ってしまっているのは残念ですが、国会議員になることによって、社会主義時代の政治的な考え方とか、実際の動きについても理解することができました。

ハンガリーを代表する19世紀の詩人で若くして亡くなったペテーフィ・シャーンドルは、家庭の事情などもあって大平原を放浪した経験があるのですが、彼は23歳のときにこんな手記を書いています。

大平原とはなんとシンプルで、それでいてなんと偉大であるのか！
しかし、シンプルなものこそが偉大なのだ
『旅の手紙』（ペテーフィ・シャーンドル著）第3章より。
1847年5月14日、デブレツェンにて。
※デブレツェンは、ハンガリー東部の第2の都市。ホルトバージ国立公園から近い。

私は、これこそが真実だと思っています。
私の言ったことが何かのお役に立てれば嬉しいです。

ハンガリートップレベルのセゲド大学理学部へ進学

カリコ氏は、トート先生の助言で、ヨージェフ・アッティラ科学大学（現在のセゲド大学）理学部の生物学専攻（定員15人）に20点満点中19・5点という優秀な成績で入学を果たした。大学の近くには、ハンガリー科学アカデミー生物学研究所があり、カリコ氏が科学者を目指すには絶好の環境だった。カリコ氏は、小学校や高校でトート先生をはじめ教師たちに恵まれた。その経験から、恩師を大切にし、また自分が先生たちに教え導いてもらったのと同じように、後輩を支援し、同僚たちと協力をしながら前に進んでいくことを常とした。そして、学生時代に得た多くの知識と学びの方法を今日まで研究に生かし続けている。中でも、ハンス・セリエ博士の精神を受け継いだ集中力の源は「効果のない事柄に浪費をしない」という考え方。つまり「無駄なことに時間を費やさない」ことである。

それでも何かに悩んだり、困難に直面した時には、学生時代にお気に入りだった当時のハンガリーの人気歌手・ゾラーンの曲が何度もカリコ氏の心を救ってくれた。曲のタイトルは「ダイヤモンドと金」。1985年にリリースされたこの曲は当時よくラジオやテレビで流れていて、アメリカに渡る際にも彼のサイン入りのレコードを持っていったほどである。

カリコ氏がこの曲を愛してやまない理由のひとつが、「目標を達成したときに人は幸せになれるだろう。しかし、すぐに次の新しい目標を定め、その道を歩んでいくことが、美しい人生なのだ」と彼女の心を励ましてくれるからだ。

この曲は、カリコ氏が前に進んでいく強さと勇気をいつでも与えてくれる。

学問の世界にも社会主義政権の影

セゲド大学の前身、ヨージェフ・アッティラ科学大学は、１８７２年に設立された。独立した理学部（数学、物理、化学、生物、地学などを専攻とする）がある大学は珍しく、首都ブダペストにも、学園都市デブレツェンの大学にも理学部は存在しなかった。戦後１９５０年になって初めて、ブダペストとデブレツェンの大学に研究所を備えた理学部がつくられたが、セゲド大学のような高いレベルに達するまでには数十年の時間を要したという。カリコ氏がセゲド大学を選んだのは、やはり国内トップレベルの大学で学びたいという思いと、トート先生のすすめがあったからだろう。

第二次世界大戦後、ソ連の影響を色濃く受けたハンガリーでは、１９４８年以降、大学も共産主義独裁政権による厳しい取り締まり下におかれた。ロシア語やマルクス・レーニン主義に関する講義（唯物弁証法、史的唯物論Ⅰ−Ⅱ、政治経済Ⅰ−Ⅱ、科学的社会主義Ⅰ－Ⅱなどいくつかのコース）、さらには軍事関連の講義が必修科目として導入された。１９４９年には、学生、教師を取り締まり監視する学生課、学部と大学の党組織と若者の政党組織が大学の中に新設されるに至り、大学における「教育の自由」はなくなった。いわゆる学科（コース）についても、カリキュラムや授業案、試験の内容、記述レポートの評価の際の採点基準などは、いずれも画一的内容で、かつ国にとって有益かどうかという基準で判断され、そこから外れると見なされたことはすべて取り締まりを受けた。そして、１９５１年、大学はアカデミックな称号を与える権利を法的に奪われ、博士号や教授資格といった学術的称号と役職を失うこととなった。

大学全体が独裁政権による威圧感に包まれる中にあっても、他の学部と比べると理学部はその影響が最小限に抑えられていた。政権側も、理学部の教師や学生に対しては比較的自由を残していたのである。セゲド大学では、１９６０～70年代にかけて、様々な取り組みが進められた。当初、生物学は４つの学科で構成されていたが、70年代半ばには９つの学科に再構成された。また、新たな専門課程として、①植物生理学、植物生態学、②動物生理学、動物生態学、③生化学と生物物理学、④遺伝子学と微

セゲド大学に進学したころのカリコ氏(1974年)

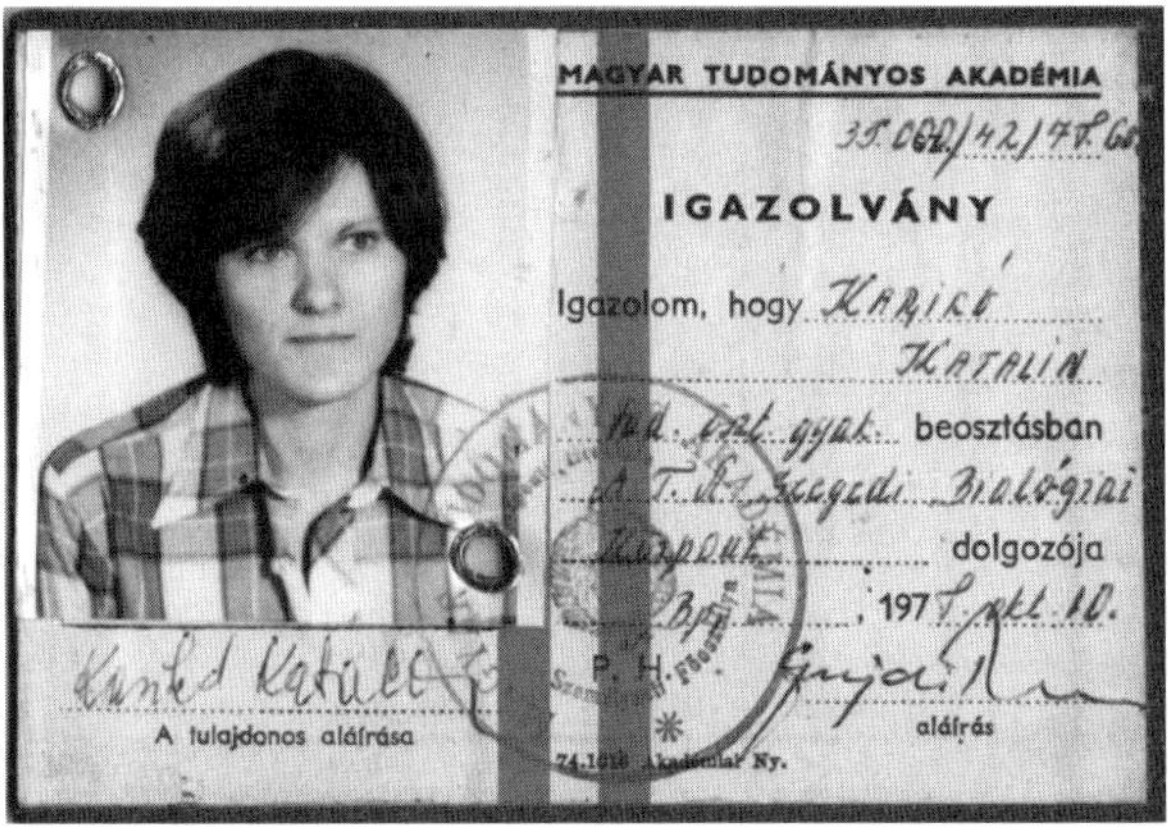

ハンガリー科学アカデミー会員証(1978年)。ソ連圏の社会主義国家において科学アカデミーは大変権威ある機関で、科学アカデミーに評価され選別された研究者は、優遇され、高い地位にあればあるほど安定した処遇を受けることができた

生物学などが設けられた。特に③と④の分野では、教育や研究に関する内容が古びたものにならないよう、より現代的なものに改善していった。

カリコ氏がセゲド大学で教わった教師陣は、みな30代から40代前半の若手研究者で、海外経験もあり優秀な先生ばかりだった。彼女はできうる限り多くのコースをとって学び、同時にハンガリー科学アカデミーセゲド生物学研究所でも研究活動を行った。

研究に没頭し、仲間との時間を大切に過ごした大学時代

カリコ氏がひとつだけ、他の学生に遅れをとっていたものがあった。それは英語の学習だ。

教師たちは、英語で書かれた専門書を使ったので、英語力がなければ話にならない。

「大学に入学して初めて、本格的に英語を学べるようになりました。田舎の学校出身の私は英語を学びたくても思うように学べる環境になかったのです。周囲の学生は都会出身の人も多く、すでに高校で英語を身につけてきた人ばかり。19歳になってようやく学ぶ機会を得た私は、必死に英語の勉強をしました。幸いにも、高校時代にロシア語は習得していたので、大学で必修科目とされていたロシア語の授業の履修を免除

してもらえました。その分の時間を英語の学習に充てることが許されたのです」

「セゲド大学は、自宅から通える距離ではなかったので、大学の寮に入りました。ですから、寮の学生や研究グループのメンバーたちから、英語の勉強のサポートをしてもらえたのです。夏休みの2か月半は、テキストブックとテープレコーダーを使って自宅で缶詰めになって勉強しました。3年生になるころには、何とか周囲に追いつけるようになりました」（カリコ氏）

セゲド大学の生物学科は、机上の理論学習だけでなく、野外観察などの実践的な取り組みも積極的に行っていたのが特徴だった。毎年夏には1～2週間のフィールドワークに参加することも必修だったので、研究室での演習と実践で得た知識とをうまく組み合わせてバランスよくスキルを身につけて卒業することができた。フィールドワーク期間中は、研究施設や研究者たちとも交流をもち、さらに専門性を深めていったという。

カリコ氏は、大学の3年間でも非常に優秀な成績をおさめ、短大や大学の学生が対象の「人民共和国奨学金」を受け取った。しかも3年連続で、政府の承認を得て付与されうる最高額の奨学金を獲得するという快挙を成し遂げた。カリコ氏は、大学3年間を修了したあとも大学に残り、セゲド生化学研究所の脂質研究室で専門的な仕事に取り組んだ。主なテーマは魚油の研究で、ひと夏の間、サルヴァシュ（ブダペストから南東に約134キロに位置する町。クルシュ川が流れる平原に位置）にある水産養殖研究所（HAKI）で過ごし、実習を行った。

ここでの研究は、哺乳類の細胞にDNAを送るのをサポートするリン脂質を探すことで、チームを組んで行われていた。1970年代当時、この研究チームはその分野のパイオニア的存在で、そこにカリコ氏も加わっていたのだ。1980年代初め、研究チームは、DNAの情報をmRNAに転写し、リボソームに運んで細胞内でタンパク質を生成することに成功した。すでにここで、mRNAが果たす役割がいかに重要かを示したのである。

1972年、カリコ氏がセゲド大学に進学する前の年に、かつて労働者用の宿泊施設として使われていた建物を利用して、学生300人が入所できる学生寮がつくられた。この寮は、生物学を専攻する学生たちのために設けられたと言っても過言ではない。というのも、さらにその1年前の1971年に、大学近くにあるハンガリー科学アカデミーセゲド生物学研究所の活動が始まったからだ。大学から遠く離れた場所に自宅があったカリコ氏も、大学時代をこの寮で過ごした。学業のかたわら、仲間たちと寝食をともにしながら寮生活を満喫した。

大学の活動でも、学生たちは専門学科ごとにクラブナイト（というイベント）を開催した。カリコ氏が入学した1973年に結成されたJATEクラブ（JATEは旧名称ヨージェフ・アッティラ科学大学の頭文字をとった略称）は、寮の本館地下室を拠点に活動を開始。定期的にハンガリーの音楽家や芸術家を招いたイベントを開催し、時にはロックコンサートも行っていた。

カリコ氏と話をした際、「科学者はロックミュージシャンみたいなものです。彼らが生涯歌い踊り続けるように、私もリタイアするつもりはありません。生涯研究を続けます」と言っていた。最初に聞いたときには、なぜロックミュージシャンにたとえたのか、と疑問に思ったが、彼女の大学時代の暮らしぶりを知るにつれ、なるほどそうだったのか、と納得がいくようになった。

様々な制約がある中でも、研究に没頭し、仲間との時間を大切に過ごした大学時代は、彼女のその後の人生を支える経験となった。

セゲド生物学研究所での最先端の研究とは

カリコ氏がハンガリー南部に位置するセゲドの町にある大学を選んだ理由のひとつは、この町にハンガリー科学アカデミーセゲド生物学研究所ができたことだった。セゲド生物学研究所は、第二次世界大戦後、生物学の発展が勢いづいてきたことがきっかけとなって設立された。

19世紀以来、生命の最小単位が細胞であるという考え方が一般的になった。そこで、細胞の機能を研究することが、生命現象を明らかにすることに直結する、と考えられるようになった。細胞の機能は多くの生物に共通するので一般生理学とも呼ばれる。そして、細胞をさらに細分化して細胞生理学や、細胞を構成する分子を研究する分子生理学といった分野が生まれていった。

１９６０年代になると、物理学、化学をベースに生理学的現象を研究することも加速していった。さらに、生物学の基礎研究の強化は、医学をはじめ農学の分野の発展にも寄与するものと考えられるようになった。しかし、いざ研究所をつくる段になると、政治的な問題が絡んで深刻な議論が巻き起こった。問題となったのは、研究所の場所選びだ。ハンガリー科学アカデミー生物学部門の運営陣は、地方に生物学研究所をつくるのは条件がよくない、と主張した。彼らが懸念したのは、首都ブダペストから遠く離れた地方都市では、生物学の発展に遅れをきたすのではないか、ということだった。結局、国内屈指のハイレベルの理学部を据えた大学のある、セゲドの町に研究施設をつくることになった。

１９６８年4月。セゲド生物学研究所の定礎式が行われた。工事は急ピッチで進み、ちょうど3年後の１９７１年4月に最初の建物が完成した。この時は、植物生理学、遺伝学、生物物理学、生化学の4部門を備えた研究所ができ、さっそく研究がスタートした。しかし、正式に「ハンガリー科学アカデミーセゲド生物学研究所」が開所したのは、１９７３年10月11日、完成の式典が行われた日である。完成式には、前述のセント・ジュルジ・アルベルト博士も出席した。

当初、研究所の研究テーマは、「生体防御医学の疑問」であった。生体防御医学とは、生体が自己を守る仕組みを解明して、健康で文化的な生活を営むために役立てる、という分野の学問である。具体的には、遺伝子の機能、特定の代謝プロセス調整、生体防御のメカニズムなどを解き明かす研究だ。２０２０年の世界的な新型コロナウイルスの感染拡大の中で、ウイルスから身を守るために自己免疫反応が暴走する「サイトカインストーム」が感染症を重症化させてしまうことが問題視されるようになった。免疫が過剰に反応すると自己の臓器まで攻撃してしまい、最悪の場合は命を落とすこともある。その原因を突き止め、自己の身を守る方法を見出すのが生体防御医学である。

生体防御医学以外にも、植物の代謝、特に植物のウイルス耐性に焦点を当てて研究することもテーマに据えた。研究計画には、植物、昆虫、そして人間の遺伝学における問いも含まれていた。

これらの研究分野は、とりわけ勢いがあり、UNDP（国連開発計画）の援助で125万ドルが割り当てられた。社会主義時代のハンガリーにおける科学の研究活動にとって、桁外れの額であった。海外の視察旅行の経費負担、カンファレンスの主催やセゲド生物学研究所へ有名な研究者たちを招待する機会も得た。これはハンガリー国内でも、他の機関ではなしえなかったことだ。こうして、セゲド生物学研究所は、すぐに東西冷戦下の西側の研究レベルに達した。

ＲＮＡの研究に着手

セゲド大学に５年間在籍し、修士課程までおさめたカリコ氏は、１９７８年、ハンガリー科学アカデミーから奨学金を得て、博士課程としてハンガリー科学アカデミーセゲド生物学研究所の研究室に所属した。それが「ＲＮＡ研究室」だった。ちょうどこのころ、世界的に分子生物学が生命科学の分野で主要な位置を占めるようになり、ＲＮＡを研究することは、当時の学問の世界基準を究めていくことに等しいものとなっていた。とはいえ、現在のカリコ氏が研究を究めたｍＲＮＡは、この当時は存在は明らかになっていたものの、合成することは非常に困難だった。というのも、ＤＮＡに書かれたタンパク質の遺伝情報をｍＲＮＡに転写する際に必要なＲＮＡポリメラーゼ（酵素）が、精製できていなかったからだ。そのため、70年代の後半の段階では、３〜４つのヌクレオチド（ＲＮＡを構成する分子の結合体）からできた、とても短いＲＮＡフラグメント（断片）しか作ることができなかった。カリコ氏の任務は、このＲＮＡフラグメントの抗ウイルス効果を調べることだった。抗ウイルス剤の調査は、製薬会社にとって関心の高い重要分野のひとつだった。そのため、このプロジェクトには、キノイン（ハンガリーの製薬会社。１９９１年、フランスのサノフィに買収される）が資金援助をしてくれた。カリコ氏は仲間の研究者とともに、抗ウイルス効果のあるＲＮＡフラグメントを合成して生成し、それを細胞に送り込む方法を見出すという任務を与えられた。当時の実験条件下では、電子穿孔法《せんこう》でのみＲＮＡフラグメントを細胞内に入れることができた。しかし、それは人間に適用できるものではなかった。思わしい研究結果が出せなかったため、資金援助は間もなく打ち切られた。しかし、カリコ氏がこの研究室でウイルス関連の研究をし、初めて修飾ヌクレオチドを使用したことは、重要なことだった。

これらの研究と同時進行で、カリコ氏は生物学研究所でも、多くの研究プロジェクトに参加するようになった。しかし１９８０年代に入ると、ハンガリー全体が景気の後退、停滞に陥り、それに伴って、研究活動が進められなくなっていった（ハンガリー・中央統計局資料による）。そのため、研究グループは解散せざるをえなくなった。海外に渡って研究を続けようという仲間たちも多く、カリコ氏自身も「このままでは終われない」と思い悩んだ。結局、セゲド生物学研究所の生物物理学研究室で得られた専門的な経験を強みに、１９８５年、カリコ氏はアメリカのペンシルベニア州フィラデルフィアに家族で移住して、研究活動を続けた。そこで続けた研究は、セゲドで研

大学卒業後研究者として活躍し始めていたカリコ氏と両親（1979年）

博士課程に在籍中のカリコ氏。
ハンガリー科学アカデミー RNA研究室にて（1980年）

究したテーマと関連するものであった。

社会主義体制下でこその悲劇

新型コロナワクチンの生みの親として、一躍有名になったカリコ氏。その功績が称えられて、ハンガリー本国で数々の賞を受賞したカリコ氏は、2021年5月、授賞式に出席するためハンガリーに一時帰国した。まず会いに行ったのが、トート先生。恩師を大切にしている彼女らしい行動だなと感心させられていたところに、思わぬ情報が飛び込んできた。

出る杭は打たれる、ということなのだろうか。ちょうどカリコ氏がハンガリー科学アカデミーセゲド生物学研究所で博士課程に進んだころ、まだ社会主義体制下にあったハンガリーでカリコ氏がエージェントに採用されていた記録がある、という情報がSNSやハンガリーの一部右派系メディアで出回っていたというのだ。ここでいうエージェントとは、国家の秘密業務で働く者、つまりスパイのことである。もともとこの情報は、1945~90年にかけてのセゲドの国家保安庁のネットワークに属した人をリストアップした本に掲載されていたものだという。同書は2017年に出版されたもので、編集者自身も元国家保安庁の幹部だった。

　この本によると、カリコ氏は1978年10月31日にエージェントとして採用された。コード名（スパイ活動する際の別名）は、ジョルト・レンジェルという男性名だった。1985年からは休職扱いになっていて、これはカリコ氏が渡米した年にあたる。

　こうした報道に対して、ハンガリーの非政権系メディアTelex.huがカリコ氏に質問を投げかけた。これを受けてカリコ氏は、書面で回答をしている。

「1978年に、セゲド生物学研究所の研究員助手として働き始めた時、当局から接触があり、エージェント採用を受けずにはいられない状況になったのは事実です。

　当局からは、父が1956年のハンガリー事件に参加したことを『罪深い過去』として持ち出され、もしエージェント採用を受けなければ、私の研究活動をできなくしてやると脅迫されました。父は1957年に執行猶予付きの懲役刑を言い渡され、職場は解雇となり、その後4年間は仕事に就けませんでした。当局のシステムがどのようなものかをそれで知っていたので、恐ろしかった。ですから、採用関連の書類に署名をしました。

　しかしその後、私自身が誰かについて報告書を書いたことは一度もありませんでした。誰かを傷つけたこともありません。研究活動を続けるために、国をあとにするしかありませんでした。

過去36年間、私は人々の病気の治癒のために研究活動を行ってきました。私の研究を台無しにされることもなければ、私自身が自分の目標から外れることもありませんでした。

この回答をもって、本件は終わったこととします」

私自身は、カリコ氏にインタビューをしたあとで、この件について知ったので、本人に確認をしたわけではないが、逃げも隠れもせず、事実を淡々と伝える姿勢がいかにもカリコ氏らしいと頷《うなず》きながら彼女のこの回答を読んだ。そして、そのことを裏付けるいくつかの記録があることも確認した。

まず、国家安全保障サービス記録保管所には、カリコ氏の採用記録はあるが（前述の本ではこれを使用）、カリコ氏が書いた報告書の記録はない。

また、Telex.hu によると、情報提供者に採用されたという事実だけをもって、国家の諜報ネットワークのアクティブな要員だったとは言えないという。「アクティブ」

というのは、報告（文書）をしていた人たちである。大学や研究所など学術界では、採用に署名した後でも、報告をしなかった人は少なくない。

ハンガリーで著名な歴史研究家クリスティアーン・ウングヴァーリ氏によると、このように過去に関する情報が明らかになっても、自分でそれを認める人は非常に稀だそうだ。一方、1985年の米国移住後にも活動していたという一部の憶測については、カリコ氏はきっぱりと否定している。もし活動していたら、それが記録保管所に残っているはずだとした。なお、1945〜89年の社会主義体制下にエージェントとして採用された人は16〜20万人にのぼり、カリコ氏が採用される前は、7000人のアクティブ要員がいたという（以上、euronews.com による）。

■カリコ氏が生きた激動の時代を知るために
ハンガリー事件とは何だったのか

カリコ氏の父親が参加したという、ハンガリー事件とは何だったのか。

第二次世界大戦後、ロシア革命の指導者のひとりでソ連共産党の指導者だったスターリンが、東欧諸国を同盟国とし、いわゆる東西冷戦の東側の指導者となった。彼の独裁ぶりや恐怖政治、個人崇拝についてはあまりに有名だが、そのスターリンが1953年3月に脳出血で急死すると、暫定的な後継者を間に挟んでフルシチョフがソ連共産党第一書記に就任した。そのフルシチョフが1956年2月ソ連共産党第20回大会で行ったのが「スターリン批判」。文字通り、スターリンの指導の誤りを指摘したのである。1930年代、スターリンの病的な猜疑心《さいぎしん》によって、多くの無実の人々が命を奪われることになった大粛清、それによってスターリンの個人崇拝を助長したこと。また、第二次世界大戦下の1941年、独ソ戦においても備えが十分でなく、ソ連に重大な損害をもたらしたことなどを激しく批判したのだ。この報告は、秘密会議での特別報告だったので公表されなかったが、各国の主要共産党指導部には送られた。数か月後、これを入手したアメリカ国務省が内容を公表すると、世界に衝撃と動揺が走った。東欧では、この年の6月、まずポーランドのポズナニ（ポズナン）で改革を要求する労働者のストライキが起き、改革派がトップの座（ゴムウカが共産党第一書記に選ばれた）につくと、それに呼応するようにハンガリーでも改革の動きが高まった。作家同盟を中心に、共産党の改革派が一緒になって活動を展開し、自由化の要求が広まっていったのである。これが「ハンガリー事件」の始まりだ。

第二次世界大戦からハンガリー事件前夜まで

作家同盟が中心となったのは、１９３０年代、世界的に大恐慌の影響が深まり、ハンガリー農村部が悲惨な状況に陥った時に、農村出身の作家たちがその現状や歴史を作品として描く運動を展開したことに起因すると考えられる。農村と農民の再生こそが「ハンガリー民族の再生」と考え、若者や学生を巻き込んで民主化の運動が広がっていった。彼らは「農村探索者」と呼ばれていた。

１９３０年当時のハンガリーは、大地主制と貴族の支配が続いていて、農民は貧しい生活を強いられていた。人口８６０万人のうち４５０万人が農業従事者で、そのうちの大半が貧しく、日雇い労働者だったり下僕のように扱われていたりした厳しい状況であった。

第二次世界大戦下のハンガリーは、ナチスドイツのヒトラーにいち早く近づき、枢軸国の側に立つ一方、親ドイツ政策をとりながら連合国との関係を保とうとしたり、独ソ戦では当初ソ連とは外交関係を断絶するにとどめておいたにもかかわらず、結局（ソ連に）宣戦布告をしたりと、揺れに揺れた戦争態勢をとった。この間、民族抑圧政策がとられて、セルビア人とユダヤ人を虐殺してドナウ川に放り込んだり、恐怖政治を繰り広げてユダヤ人を逮捕し強制収容所に送り込んだり、といったことも行った。この右往左往ぶりは、「ハンガリー国家の独立」という絶対に譲れない願いが根底に流れているゆえの姿だったともとれる。過去の歴史を振り返ってみても、特に19世紀以降、ハンガリーは民主化運動と革命を繰り返してきた。

第二次世界大戦末期にも、ナチスドイツと結んだ極右政党の支配からハンガリーの解放運動を求める抵抗運動が始まった。結局、抵抗勢力による臨時政府がドイツに対して宣戦布告し、1945年1月、ソ連のモスクワで休戦協定を締結。4月4日にソ連軍によってハンガリー全土が解放されることとなった。終戦後のブダペストの壊滅的な写真を見ると、ハンガリーを舞台にドイツとソ連が戦った凄まじい様子が見てとれる。

ハンガリー国民の民主化を求める行動は、終戦直後のこうした状況下でも着々と進められた。各地で「国民委員会」がつくられ、ファシストを排除した地方自治組織が生まれた。教育、治安、教会再建、経済復興などに住民が直接参加する形で取り組み、地主制を解体して土地を集め、農民に再分配するという土地改革も行われた。中世以来の大土地所有制度がここにきてやっと解体され、農民たちは自分の土地を所有するという悲願を達成した。

このように、1945～47年にかけて、ハンガリーをはじめ東欧諸国では、「人民民主主義」と呼ばれる体制をとるようになった。その体制は、国によって違いはあったが、反ファシズムを基本に農民や労働者、自由主義を掲げる人たち――つまり人民が一緒になって直接民主主義を担っていく、というものだった。第二次世界大戦終結直後の東欧は、ソ連の影響下にあったが、当初の締め付けは緩やかなもので、こうした動きも容認されていた。

ソ連による東欧諸国への支配が強まるきっかけとなったのが、アメリカによる一連の「封じ込め政策」。ソ連の勢力拡大を阻止するための外交政策だ。1947年3月、トルーマン米大統領は、内戦状態にあったギリシャと、ソ連と対立していたトルコに対して軍事援助をし、両国の共産主義化を阻止してソ連の拡大を封じ込める「トルーマン・ドクトリン」を宣言。続く6月、マーシャル国務長官は、経済の困窮が共産党拡大の原因と考え、ヨーロッパ経済の復興援助計画「マーシャル・プラン」を発表した。この援助を西欧諸国は受け入れたが、ソ連と東欧諸国は拒否した。そして同じ年の9月、国際的な共産党の情報交換の機関としてコミンフォルム（共産党情報局）を結成して対抗。以後、アメリカを中心とした自由主義陣営とソ連を主軸とした社会主義陣営の対立、すなわち「冷戦」という緊張状態が続くことになる。

東欧諸国では、ソ連が後押しをする形で共産党による改革が実行されていった。先述のように、当時のソ連のリーダーは恐怖政治を敷いていたスターリン。そのリーダー亡きあとに、側近フルシチョフによってスターリン批判と資本主義国との平和共存、コミンフォルムの解散と自由化の方向が提唱された。これが世にいう「雪解け」と呼ばれる転換で、東欧諸国が動揺、混乱したのも無理のないことだろう。

民主化を求めたハンガリー市民たち

こうして迎えた、1956年10月のハンガリー事件。民主化を求める市民の蜂起から2週間足らずでソ連軍によって鎮圧されてしまった「反ソ暴動」は、「動乱」ともいわれ、世界中を震撼させるほどの大きな影響を与えた。

スターリン批判を受け、これまでの社会主義に対する改革を求めた抗議行動がハンガリー事件の発端だ。

10月23日の早朝。ブダペストの学生がデモを起こした。その要求は、ソ連軍の撤退や複数政党制による自由選挙、政治犯の釈放、表現の自由、スターリン死後の1955年に首相の座につき、独立路線を進めようとして追放されたナジ・イムレの首相再就任などだった。時間の経過とともに市民や労働者も加わって、25万人以上がブダペストの国会議事堂前広場に集結し、ハンガリー共産党指導者やソ連クレムリン宮殿の主人たちを恐怖に陥れた。デモは比較的穏やかに行われたが、夜になって民衆と治安警察の間に武力衝突が起こり、武装した民衆がラジオ局や共産党機関紙の建物、警察、工場などに侵入した。これに対し、軍隊や警察は発砲せず、それどころか民衆に武器や銃を渡した者までいた。彼らもまたハンガリー国民の一員で、民衆に対しては同情的であり、民主化を望んでいたのだ。市の公園を見下ろすように立っていた巨大なスターリン像は、大型機材を持ち込んだ群衆の手によって倒され、頭部は引きずられて国立劇場の外に放置された。胴は砕かれて群衆が持ち去り、残ったのは長靴だけだった。そこでハンガリー共産党政府は、1度目のソ連軍の出動を要請した。翌日首都ブダペストに現れたソ連軍の戦車は、当初、火炎瓶と少数のライフル銃とで武装し、攻撃をしたあとすぐに路地に逃げ込んでしまう反乱者を相手に、攻めあぐねた。大きな戦車はこうした市街戦には適していなかったのだ。ほとんど組織化もされず、指導者もなく、無計画な革命だったが、しばらくの間だけでも抵抗が通用したことは、市民の期待を高めることとなった。しかし、戦闘は激発し、途絶えることはなかった。

ナジ・イムレが首相となり、共産党以外の党を含む連立政権を樹立した。複数政党制への復帰や自由選挙、農業における集団化の見直しなどの政策は、第二次大戦直後の人民民主主義を再現することが目標だった。そもそもナジ・イムレは、ハンガリーで純粋に人気のある共産党政治家の数少ないひとりで、誠実で正直な人柄が、人々から尊敬の念を集めていた。

結局、ハンガリー政府は学生や市民の要求を受け入れて、ナジが首相に就任。30日になると、ソ連軍の戦車がブダペストから撤退し始めた。戦闘によって余計な犠牲者を出したくなかったのも撤退理由のひとつだった。しかし、そのタイミングで、群衆が共産党ブダペスト本部を襲撃し、党員や治安警察官が殺害される事件が起こり、状況が一変した。さらには、ナジ首相がワルシャワ条約機構からの脱退とハンガリーの中立を宣言したことにより、事態を重く見たソ連共産党指導者の会議（中央委員会幹部会）は、2度目のソ連軍の介入を決定した。ワルシャワ条約機構は、ソ連と東欧諸国の集団安全保障体制。そこからハンガリーが脱退するということは、ソ連にとっては重大な裏切りだと考えられたからだ。ブダペスト市街では、優勢なソ連軍に対し、ハンガリー軍と市民義勇軍が頑《かたく》なまでに抵抗したが、こうした抵抗も１週間ほどで鎮圧された。ナジ首相は国家転覆罪に問われ、ソ連に連行され、２年後に絞首刑に処せられた。この反ソ暴動による死者は２７００人以上、西側に亡命した人は20万人ともいわれる。

鎮圧後のハンガリーにおけるソ連の統制は一段と強化され、報復、処罰などが様々な形で行われた。ある19歳の女性工員の場合、戦闘には参加しなかったものの、武器を持って写っている写真を証拠とし、13年間服役させられた。そんなケースもある。

カリコ氏が、父親がハンガリー事件に関わったことで脅され、エージェント登録をせざるをえなかったことには、こうした背景があったのだ。動乱から冷戦終結直前まで、ハンガリーの人たちが、この事件を口にすることはほとんどなかったという。ソ連による支配に逆らうと、恐ろしい報復が待っていることをハンガリー市民は身にしみて知っていたのだ。

第2章

娘のテディベアにお金をしのばせて渡米
40年に及ぶ挫折続きのRNA研究

研究費の打ち切り、新天地アメリカへ

1985年1月17日。30歳の誕生日に当時在籍していたハンガリー有数の研究機関であるセゲド生物学研究所を辞めなければならないと知らされたカリコ氏。RNAに関して、思わしい研究成果があげられなかったから研究費が打ち切られた、というのも理由のひとつだったが、どれだけ優秀であっても、若い人材を正規雇用することはできなかったのだ。社会主義の国では珍しいことだが、ハンガリーの景気が低迷し、研究資金を出せなくなっていたことがその背景にあった。それほど当時の経済状況が不安定だったのだ。

それでも、カリコ氏は研究を続けることを諦めたくなかった。

「ハンガリーで仕事を探したけれど、申請したところはどこも返事をくれなかったの」

「ヨーロッパの名門大学でも探したわ。理学部も医学部もあって、私たちが研究をしていたRNAも扱っていた大学を調べて連絡をしたのよ。でも無理だった」

まだEUなども存在せず、ハンガリーを援助したり、行き場を失った学者に国境を超えて職を提供したりするような仕組みはなかった。

結局、オファーが来たのは、アメリカ東部フィラデルフィアにあるテンプル大学か

らだった。

「テンプル大学に手紙を書いたのです。自分が何者で、どんなことができるのか、ということを書きました。その手紙を同じ分野で活躍する先生が読んでくれて、研究所に私を呼んでくれたのです」

娘のテディベアにお金をしのばせて渡米

テンプル大学の生化学科が、ポスドク（博士課程修了後の任期付き研究職）として正式に職と研究の場を与えてくれるという、嬉しい知らせだった。とはいえ、当時のカリコ氏にとって、アメリカはまだ見ぬ未知の国。しかも、エンジニアの夫と2歳の娘という家族がいたし、設備の整った新しいマンションに引っ越したばかりというタイミングだった。

それでも、カリコ氏はアメリカに渡ることを即決した。

「かつてのハンガリーでは、より自分が成功できる環境を求めて、多くの優秀な人材が海外に出ていきました。私自身は家族と離れるつもりはなかったですし、母や姉もいましたから、帰りたいと思ったときにいつでもハンガリーに帰れる状態でいたかったんです。海外で生活をするには、パスポート（旅券）やビザ（査証）などの書類が必要になりますよね。当時のハンガリーは自由に海外渡航ができる国ではありませんでしたから、パスポートやビザをとるには、それなりの理由が必要でした。ソ連の影響下にありましたし、しかも行き先はソ連と対立関係にあるアメリカ。でも、大学で研究をするという正式なオファーですから、家族も一緒に出国許可を得ることができたんです」

行き先は決まった。正式に出国許可もおりた。次なる課題は資金をどうするか、ということだった。当時のハンガリーでは、個人が所持できる外貨は100ドルまでと制限されていた。つまり、それ以上は換金できないし、持ち出すこともできない。100ドルといったら、日本円にして（当時）およそ2万円。家族3人でアメリカに渡るにはいくらなんでも少なすぎる金額だ。

「闇で車を売ったりして何とかお金を集めたものの、換金が認められてなかったのでとても苦労しました。実際には1000ドルでなく、1000ドルを持っていきました。でも、見つかったら一巻の終わりです。そこで、お金をビニール袋に入れて、それをテディベアの背中を切ってしのばせました。そのテディベアを娘に渡して出国したわ。

1984年、カリコさんの長女スーザンさんとテディベア。渡米時にスーザンさんのテディベアに外貨をしのばせて出国した

1985年、アメリカに移住したばかりのころ。夫と娘と一緒に

だから、実際にお金を密輸したのは私の娘であって、私たちではないのよ。今だから笑って話せるけれど、本当に怖かった。アメリカに到着するまで、娘とテディベアから目を離さなかったわ」（カリコ氏）

こうして、テンプル大学のあるフィラデルフィアに移住したカリコ氏一家。提示された年俸は1万7千ドルだった。当時の日本円にすると340万円。

「年俸1万7千ドルなんて、家族で何とか食べていける程度の額でしかない。チケットは片道しかありません。研究を続け、生き残っていくためには、アメリカ社会にできるだけ早く溶け込まなければならなかった。ドルで食べるものを買わなきゃならない。クレジットカードだって持っていないし、（1985年当時は）携帯電話なんてなかった。しかも、誰も知っている人はいない。私を雇ってくれた大学の人すら知らなかったのですから。その後、私の母もアメリカに来ることになるのですが、ハンガリーでエンジニアだった夫は、まさにゼロからのスタート。清掃などの仕事から始めました」

アメリカに到着した翌日から働き始めたカリコ氏。最初の1週間で逃げ出したいと思ったそうだ。「（大学では）みんなドアの開閉は乱暴だし、大声でしゃべる。実験室はセゲドの研究室の方が、よっぽど設備が整っていた。ハンガリーの自宅には、洗濯機がありましたが、アメリカではコインランドリーに行くしかない。生活レベルは下がりましたね」。それでも熱心でひたむきな彼女は「ベンチのために」生きてきたという。ベンチとは、研究室の実験器具が並ぶ場所に置いてある椅子のこと。つまり、彼女の仕事場のことだ。

「研究室のベンチに腰掛けて、ああやって、こうやって、と試験管を振ったり、顕微鏡をのぞいたり、そんなことをしながら、ひとつひとつ実験を積み重ねていくだけでいいの。それが科学者というものだから、あとのことはどうでもいいわ」

「私のモットーは『何もなければ、失うものはない』ということ」（カリコ氏）

研究者としてゼロからのスタート

カリコ氏にとっての日常は、研究室で過ごす時間だ。

夫のベーラ・フランシアは、「君は仕事に行くんじゃない。楽しいことをしに行くんだよな」と日夜研究室に通い詰めるカリコ氏をそんな風にからかった。あるときは「君の労働時間を時給で換算したら、1時間1ドルだ。マクドナルドで働いた方がずっと時給が高いぞ」と笑いながら言ったりした。カリコ氏にとって、昔も今も、夫は一番の理解者であり、夫の全面的なバックアップがあったからこそ、今日のカリコ氏がある。

「わが家では、夫がもっとも多くの犠牲を払ったことは言うまでもありません。朝5時に研究室に出かけていく私や、学校に通う娘のために、車で送り迎えをしてくれましたし、子育てに支障が出ないようにと、自分は夜間の肉体労働などの仕事をしながら家族を支えてくれました。週末でさえも、私がラボから壊れた試験機器を持ち帰って修理するのを手伝ってくれましたし、食事の支度ができないときには、彼が料理をしてくれました。でも、夫は一度たりとも文句を言ったことはなかったのです」

ポスドクとしてテンプル大学で働いていた1988年。カリコ氏の元にジョンズ・ホプキンス大学から仕事のオファーが舞い込んだ。ジョンズ・ホプキンス大学といえば、世界屈指の医学部を有し、アメリカでも最難関の大学のひとつだと評判も高い。公衆衛生部門の研究でも有名で、今回の新型コロナウイルスのパンデミックに関する研究やデータ分析・発表なども行っている。このオファーの話を知ったカリコ氏の上司が「ここ（テンプル大学）に残るか、それともハンガリーに帰るか」という二者択一の選択を彼女に迫った。明らかに同じ研究者としての嫉妬である。「何でそんなことを言われるのか。信頼していた上司だっただけに、とても落ち込んだ」とカリコ氏も言っているが、実際、彼女の元には国外退去の通知まで届いたという。しかも、その間、上司はジョンズ・ホプキンス大学に対して、カリコ氏への仕事のオファーを取り下げるよう手をまわしていたのだ。

「彼は教授で、私は何の地位もない人間でしたから、仕事もすべて失って、とても困難な状況に陥りました。でも、その上司にも敵（ライバル）がいることがわかったので、その人たちのところに駆け込んで、助けてもらったのです。人生は想定外なことばかりですよね」

やむなくテンプル大学を辞したカリコ氏を救ってくれたのは、日本の防衛医科大学校のような組織の病理学科だった。B型肝炎の治療に必要なインターフェロン・シグナルの研究をはじめ、ここで1年間、分子生物学の最新技術など多くのことを学んだ。

その後、1989年、ペンシルベニア大学の医学部に移籍し、心臓外科医エリオット・バーナサンのもとで働くことになった。この時の彼女のポジションは、研究助教で、非正規雇用の不安定な立場だった。そのうえ、もらえるはずだった助成金ももらえなかった。

「決して条件のいい移籍じゃなかったわ。翌1990年の私の年俸は4万ドル（当時のレートでは、日本円で約640万円）。20年経っても、6万ドル程度でした」

「だから、娘には、『あなたが進学するには、ペンシルベニア大学に行ってもらうしかない』と言ったのよ。なぜって、教員の子どもは学費が75％引きになるから」（カリコ氏）。研究が続けられれば、それでいい。カリコ氏の考え方は一貫している。

「自分のやっている研究は、とても重要なことなんだと信じていました。たとえどんなことがあっても『人の命がかかっている、とても大事なこと』と思っていたのです」

mRNAの研究で新しいタンパク質の生成に成功

そもそもカリコ氏がmRNAに興味をもったきっかけは、ハンガリー時代にさかのぼる。博士課程の担当教官から、RNAの存在と量などを明らかにするためのシークエンシング（遺伝子の正確な配列を調べること）を依頼するために、アメリカ・ニュージャージー州にある研究室に生体サンプルを送ってくれと頼まれたことだった。カリコ氏はこの種のRNAが薬として使用できるかもしれない、という可能性にひかれたのだ。

カリコ氏はペンシルベニア大学のバーナサン氏のチームで、mRNAを細胞に挿入して新しいタンパク質を生成させようとしていた。実験のひとつは、タンパク質分解酵素のウロキナーゼを作らせようとしたこと。もし、成功すれば、放射性物質である新しいタンパク質は受容体に引き寄せられる。放射性物質の有無を測定することで、特定のmRNAから狙ったタンパク質を作り、そのタンパク質が機能を有するか評価できるのだ。

「ほとんどの人はわれわれを馬鹿にした」（バーナサン氏）

ある日、長い廊下の端においてあるドットマトリックスのプリンターをふたりの科学者が食い入るように見つめていた。放射線が測定できるガンマカウンターの結果が、プリンターから吐き出される。

結果は……その細胞が作るはずのない、新しいタンパク質が作られていた。

つまり、mRNAを使えば、いかなるタンパク質をも作らせることができる、ということを意味していたのだ。

「神になった気分だった」カリコ氏はそのときのことを思い返す。

「ｍＲＮＡを使って、心臓バイパス手術のために血管を強くすることができるかもしれない」「もしかしたら、人間の寿命を延ばすことだって可能になるかもしれない」

興奮したふたりは、そんなことを語り合った。

つまりこれが、ワクチン開発の肝となる、ｍＲＮＡに特定のタンパク質を作る指令を出させる、という最初の発見だったのだ。

「ケイト（カリコ氏）は本当に信じられないほど素晴らしいんだ」とバーナサン氏は言う。

「いつも驚くほど探求心がいっぱいで、ものすごい読書家。常に最新の技術や最新の発表を読み込んでいて、その内容は専門分野だけでなく他の分野にも及んでいた。古いものから、前日に『Science』誌に発表されたものまで、自分が得た知識や情報を組み合わせて『これをやってみませんか？』とか『この方法はどうですか？』と提案してくるんだよ」

「彼女の研究方法は、小さな解決法の『パッチワーク』のようだった。それが縫い合わされると、何か美しくて温かいものができるのではないか。それが彼女のｍＲＮＡだったんだ。決してあきらめずに、日々新しい情報を仕入れて挑戦し続けていた。そんな科学者はそうそういるものではないでしょう」

バーナサン氏は、カリコ氏のことをそう評価する。

このとき、実験の成功を祝ったのか、という質問に対して、カリコ氏はこのように答えている。

「学者の中には、自分の研究（実験）がいつか成功する日を夢見て、その日が来たらお祝いをするために冷蔵庫にシャンパンをしまっておく人がいるんですよね。そうしている人がいることは知っていますが、私はそんなことはしませんでした」

「それよりも、この発見（ｍＲＮＡに特定のタンパク質を作る指令を与えること）はとても重要なことで、『これさえあれば、私は何でもできるのではないか。これは必ず誰かの何かの役に立つはずだ』と思ったのです」

しかしその後、研究費不足でチームは解体され、バーナサン氏は、大学を辞めてバイオテク企業に転職していった。

「やっていることがあまりに斬新すぎて、お金をもらえなかった」

とカリコ氏は振り返る。ｍＲＮＡを使って嚢胞《のうほう》性線維症や脳卒中を治療したいと考えたが、研究のための助成金を得ることはできなかったのだ。

非常勤の立場にあったカリコ氏は、これで所属する研究室も金銭的援助も失ってしまった。もし、ペンシルベニア大学に残りたければ、別の研究室を探さなければならなかった。

「彼ら（大学側）は、私が辞めていくだろうと思っていたはずよ」（カリコ氏）

たとえ博士号保持者とはいえ、大学は非常勤レベルの人間を長居させてくれるところではない。ところが、カリコ氏の仕事ぶりを見ていた研修医のランガー氏が、脳神経外科のトップに掛け合って、カリコ氏の研究にチャンスを与えてくれるよう頼んでくれたのだ。

「彼に救われたの」とカリコ氏は言う。

しかし、ランガー氏の受け止め方は違う。

「カリコ先生が私を救ってくれたんです」

「多くの科学者が陥る考え方から、自分を救ってくれたのがカリコ先生でした。彼女と一緒に働いていて、本当の科学的理解というのは、何かを教えてくれる実験をデザインすることで、たとえその結果が聞きたくないものであったとしても、必要なものであることを教えてくれたんです」

「大事なデータは、対照群から得られることが多い。それは比較のために使用するダミーを含む実験です。科学者がデータを見るときの傾向として、自分の考えを立証してくれるデータばかりを探してしまう傾向がある。しかし、最高の科学者は自分の理論が間違っていることを立証しようとするんです。ケイト（カリコ氏）の天才的なところは、失敗を受け入れることを厭わず、何度でもトライする。人が、愚かすぎて聞かなかった質問に答えようとすることなんです」（ランガー氏）

逆境に立ち向かい続けた研究者としての信念

何とか大学に残れたものの、研究を続けていくのは容易ではなかった。

当時、ｍＲＮＡを使えばタンパク質を作らせることができるということはわかっていたが大きな欠点は、体内に注入すると激しい炎症反応を引き起こすことだった。しかし、カリコ氏はこの問題を克服できると信じていた。

だが、彼女に同調するものはひとりもいなかった。

「毎晩、毎晩、仕事をしていたわ。助成金！　助成金！　助成金！って」

「でも、返事はいつも、ノー、ノー、ノー」

「ある年の大みそか、一晩中申請書づくりの作業をしていたことがあって。締切が1月6日だったから、せっかく遊びに来ていた姉にも『ごめんなさい、このお金がどうしても必要なの』と謝ってね。この申請は、6案件まで受け付けてくれるもので7案件が提出された。その中で唯一落とされたのが、私のものだった。あとから知ったことだったけれど」

「でも、助成金の申請書を書くのは、イヤじゃなかったのよ」

と彼女は言う。多くの研究者は研究の妨げになるからと、書類作成などに手間のかかる助成金の申請を嫌った。しかし、カリコ氏は、申請書を書く過程を「自分の考えに磨きをかけるいい機会」と捉えていたのだ。

「申請書を書くのが好きだったの。そのためには、すべての工程と研究を見直さなければならないから。実験についても見直せるいいチャンスと思っていたわ」

誰かひとりでも研究に協力してほしい。彼女は、誰彼かまわず声をかけた。

「例えば、科学技術の会議に出席すると、隣に座った人に『何を研究しているんですか?』ってたずねるの。そしてこう言うのよ。『あら、もしかしたらこのRNA技術が使えるかもしれないわ。(RNAを)作ってあげるわよ』ってね。その研究内容が病気に関することであろうと、ハゲのことであろうと、何でもね（笑）」

　キャンパス内でも、いろいろな人に会って援助を求めた。

「いろいろな講義に出て、隣に座った人に声をかけました。興味をもってくれる人もいて、具体的に会う日を決めようとすると、あとになって適当な言い訳をして断ってくる。カリコとはどんな人物かをやはり多少なりとも調べますよね。そこで学内での地位もない、研究費もない、学術出版もない、ということを知るからなんです」

　くじけたり、傷ついたりしなかったのか。

「確かにそのときは傷ついたけれど、気にしないことにしました。そのことで自分がつくられていくわけではないですから」

「不安定な状況でいることは、悪いことばかりではない。その人の性格にもよりますが、人によっては常に緊張状態を強いられるかもしれないし、あるいはそのことによって勇気づけられるかもしれない。私の場合は後者です。もし、安定した常勤の立場だったら、そこまで自分を追い込んで研究に没頭できなかったかもしれないですよね」

　それでも、キャンパス内で会う人会う人に、自分がつくった「分子」を押し付けるようにして渡していった――その分子は、冷凍庫にしまい込まれて忘れ去られていったのだが――。この熱心さゆえ、のちにペンシルベニア大学内でカリコ氏は、RNAをごり押しする人、張り切っている人というので、「RNAハスラー」とまで呼ばれるようになった。

当時、カリコ氏の教え子だったというワイルコーネル医科大学助教のデビッド・スケールズ氏は、こう振り返る。

「カリコ先生は、RNAの可能性について、とてつもない情熱をもっていた。彼女はRNAの伝道師であり、通訳者でもあった。私自身、いろいろな可能性について考えさせられた」

「ただ、あまりに理論だけが先行しすぎて、誰もこんなことをやっていなかったので、ついていけなかった部分もあったのだろう」(スケール氏)

彼女自身、「私はセールスウーマンとしては最低」だと認めているが、RNAに関する自分の研究を説明するときに、彼女の頭の中は1分間に100マイルも進んでしまうという。あまりに速すぎて他の人が話に追いついていけない状況になってしまうのだ。

1995年、カリコ氏はペンシルベニア大学から降格を言い渡される。「成果を出すことができず、社会的意義のある研究とも思えない」というのがその理由だ。研究室のリーダーを降ろされることになったカリコ氏。未来を期待する科学者にとって、大きな後退だ。

「普通は、この時点で、人はバイバイと言って大学を離れるのよ。それだけひどいことだから」（カリコ氏）

ちょうどこの時、彼女にがんが見つかり、ハンガリーに戻っていた夫がビザの問題で出国できないというトラブルも重なった。

「どこか別のところに行こうか、何か違うことをしようか、とも考えたわ。自分には何か足りないのではないか、賢くないんじゃないか、と思ったの。いろいろ想像してみたんだけれど、結論はこうだった。『すべてはここにある。もっといい実験をすればいいのよ』」

カリコ氏は降格を受け入れ、大学にとどまることを選んだ。

彼女が初めてペンシルベニア大学に来たとき、彼女の研究室は病棟の向かい側に建っていた。カリコ氏はいつもそこにいる人々に思いを馳せていた。

「同僚に対して、いつもこう話していたの。『私たちの科学をあそこにいる患者たちに届けなければならない』ってね。窓の外に見える病棟の患者さんたちを指さしながら『絶対にあそこに届けなくちゃ』と」

「研究は私の趣味。他にお金は全く使わなかった。収入が減っても、私と家族の質素な生活を続けるには十分だったし、私自身は毎日楽しかった。仕事が娯楽だったのよ」

共同研究者ワイズマン氏との運命的な出会い

カリコ氏のアメリカでの学術的キャリアには、常に不安がつきまとっていた。研究費は足りず、「私はいつも誰か人の情けでかろうじて研究を続けてこられた」と。

それでも、mRNAの可能性については、揺るぎない信念をもっていた。

降格から2年後の1997年。彼女に運命的な出会いが待っていた。

「いつも並んでいたコピー機（正確には、マイクロフィッシュマシン。マイクロ資料を読むための機械）の前に、ドリュー・ワイズマンがいたの。いつものように『私はRNAの研究者。mRNAで何でも作れるわ』と自己紹介したのよ」とカリコ氏は話す。

一方、ワイズマン氏は、

ドリュー・ワイズマン米ペンシルベニア大学教授と（2015年）

「カティ（カリコ氏）と私はいつもコピー機の順番を競っていたんだよ。並んでいるときに彼女から声をかけられて、そのまま話し込んで。私が『HIV（エイズウイルス）ワクチンを開発したいんだ。でもDNAだとうまくいかないんだ』と話すと、彼女は『はい、はい、RNAならできるわよ』といとも簡単に言うんだ。じゃ、やってみようかと」

彼は、彼女の誘いに正面から乗ってきてくれた。

ワイズマン氏は、ポスドク7年間をアメリカ国立アレルギー感染症研究所のアンソニー・ファウチ所長の研究室で過ごしたあと、この大学に来たばかりだった。ちなみにファウチ氏はHIVの研究で、優れた研究者に与えられるドイツのロベルト・コッホ賞金賞を受賞している（2013年）。

「あのときは、私もファウチ氏が誰か知りませんでしたけれど（笑）。今や世界的に顔が知られるようになりましたよね」（カリコ氏）

ここから、カリコ氏とワイズマン氏の二人三脚が始まった。それまでmRNAは、細胞に加えると炎症反応を引き起こし、人間に対して利用するのは不可能と思われていた。だから、初めのうちは、ふたりの共同研究に対して理解を得ることはできなかった。

「他の教授たちにわれわれの技術は役に立つんだということを示そうとしたけれど、彼らは自分たちのおかれた研究環境に満足していて、ｍＲＮＡが彼らの直面している課題の解決になりうるといくら説明しても、聞く耳を持たなかった」（カリコ氏）

それでもふたりは細胞の炎症反応を抑えることはできると、あきらめなかった。

「お互いがお互いを必要としていました。私はＲＮＡの専門家。ドリューは免疫学者。私は賑やかで、うるさいけれど、彼は静かに考えるタイプ。お互いが異なった知識を持ち合わせていて、お互いにないものを求め合い、理解し、学び合っていきました」（カリコ氏）

ふたりとも、宵っ張りだったことも幸いしたという。

「夜中の3時に何か思いついたことを彼に送っても、すぐに返事が来るの。どんなときでも、まるで相手がすぐそこにいる気がしたの。お互いに肩を並べているようにね」

ワイズマン氏もカリコ氏と同じように感じていた。

「彼女は苦しかったときの話をあまりしませんが、出会ったときでさえ、彼女はすでに多くの挫折を経験していました。でも、この研究の先にはきっと何かがあると私も思いました。

そうでなければ、自分が教える大学院生に対して、何の進展もない研究を20年も続けなさい、などというアドバイスはしませんから」（ワイズマン氏）

◆カリコ氏をめぐる人々③
アメリカでの研究生活を支えてくれた娘のスーザン

2歳でアメリカへ渡った娘は、その後どのような人生を送っていたのか。

カリコ氏のひとり娘、スーザン・フランシアさんは、アメリカを代表するボート（エイト）のオリンピック金メダリストだ。２００８年北京、２０１２年ロンドンの2大会連続で勝利を勝ち取った。「ｍＲＮＡの研究ではなく、オリンピアンの母としての方が有名だったわ」と、カリコ氏は笑いながら語る。

「私の2つの金メダルが私たち家族を支えてきたと思っていたけれど、もはや母は間違いなく私を超えたわ」とフランシアさんも冗談まじりに言う。

「オリンピックの競技は、自らの力の限界に挑むもの。ボートのような競技は、チームの一員としてメンバーたちと力を合わせることによって、より一層大きな力を発揮して頂点を目指すもの。そこへ向かうまでの努力と忍耐は並大抵のことではなく、簡単に語りつくせるようなものではありません」

「でも、今回の新型コロナのパンデミックで緊急事態となったことがきっかけで、ワクチン開発に母の長年の研究が花開いた。母親が、世界中の人たちの命を救うために、これほど大きな影響力をもたらしたなんて、本当に素晴らしい。どう言い表したらいいかわからないほどです。自分の仕事がここまで影響力を及ぼすなんて、母も思ってもみなかったことだと思うわ」

フランシアさんは現在38歳（2021年）。競技を引退してから7年が過ぎたが、子どものころから母親の忍耐力に触発されてきたという。

「母はこの技術が機能する、機能するはず、人の命を救える、と強く信じていたの。私が生意気なことを言ったりすると、彼女はいつも、私たちが1000ドルだけでこの国に来たことを言って諭すのよ。今では有名なエピソードとなった、私とテディベアのお話ね（笑）。その話を繰り返し聞かされるたび、そして私自身が苦しいことに直面したとき、『わかった。親がこれだけの犠牲を払ってアメリカに来たんだから、私もそれに応えなきゃ』と思って生きてきたんです」

子どもの頃から、そうした話を聞かされて育ったフランシアさん。自身の成長とともに、母親の仕事の内容を理解できるようになっていった。

「本当にカッコイイと思ったわ」フランシアさんは、そう振り返る。

「たとえ助成金の申請が拒絶されても、自分が発見したことに本当にのめり込んでいて、『別に気にしない』という姿勢を貫いていた。それは、彼女が自分のやっていることを、自分自身を信じていたからなんですね」

そんな母親の強さから、フランシアさんは何を学んだのだろうか。

すかさず、彼女はこう答えた。

「私には何でもできるんだ、と母は思わせてくれました。母は、移民であり、英語にだって訛《なま》りがあるから、それが理由で真剣に取り合ってもらえないことも時々ありました。見下されて、話もろくに聞いてもらえなかったりしていたんですね。でも、そんなことにはくじけなかった」

「だから、何か打ち込むものがあれば、どんな障害があったとしてもそれは乗り越えられる。失敗を気にすることはない。私は目標を達成できると思わせてくれたんです」

フランシアさんは、ペンシルベニア大学に進学した後、2年生のときに、「陸上の

1回目の練習が5マイル走（約8キロ）だと知り、『逃げ出して』オールを手に取った」という。4年後、2005年のワールドチャンピオンのチームに選ばれ、その後11回連続してオリンピックとワールドチャンピオンのタイトルを獲得した。

母カリコ氏の粘り強い姿は、アメリカのボートチームに所属するようになったときにも、フランシアさんの支えとなった。

「私の身長は188センチ。ボート競技は手足が長い方が、ひと漕ぎが長く漕げるし、パワーも必要なので、背が高い方が有利だとされています。でも、チームに所属する選手がみな183センチ程度の背丈があるのですから、ちょっと背が高いからといって、それがレギュラーになれるかどうかの勝負を左右するものではなかった。いくら努力をしても、やはり人間ですから、調子がいい時もあれば悪い時もある。悪い時には、母が辛かった時代のことや、降格させられた時のことを思い起こして、自分を励ましていました」

忍耐強く、好きなことをやり遂げるためには何事も諦めない母

「2008年北京大会の時には、1996年のアトランタ、2000年のシドニー、2004年のアテネと、エイトで3連覇を達成しているルーマニアが名実ともにトップでした。われわれアメリカチームは、世界選手権（ワールドチャンピオンシップ）で優勝していたから、きっといい試合になるだろうと思いました」

「初めてのオリンピックは、長く、辛い練習と努力を重ねてきた日々の総決算となりました。一般の人にとってオリンピックは4年に一度のことだけど、私たちにとっては日々の積み重ね。費やされた多くの時間、日数がこの一瞬に集約される。1位だ！　金メダルだ！　とわかった瞬間の気持ちは、言葉にならないほど素晴らしかった。目の前で両親が観戦してくれていたので、喜びはひとしおでしたね。父も母も泣いていたし、私も泣きました。喜びに満ち溢れると同時に、ある種ホッとした気持ちにもなりました」

「実はその頃の私は、背中も痛めていて、カイロプラクティックに通って治療してもらっていました。身体の調整をしてもらったあと、治療台から降りたときに『この感覚で大丈夫なのか？』と違和感を覚えました。足先まで響く、刺すような痛み。座る

ことも車の運転をすることも不可能と思わせるような痛みが走るんです。オリンピックまであと1年という時に、テーブルにおいたお皿を持ち上げることすらできませんでした」

「そんな私の姿を見て、母は、『自分の身体の声に耳を傾けなさい、自分は賢い判断をしているか、ちゃんと考えなさい』『(身体を壊してまで)やらなくてもいいんだよ』と言ってくれました。やっぱり母親は、娘の身体が一番心配なんですよね」

「それでもやりたい、と思ったその時、私は忍耐強く、努力家で、好きなことをやり遂げるためには何事もあきらめない母の子なんだと実感しました。『楽な道なんてない。勝ちにいかなければいけない』と思ったのです」

　フランシアさんが落ち込んだり、辛かったりした時に、母であるカリコ氏がいつも歌ってくれたハンガリーの歌がある。それは、前にも触れたゾラーンの曲で「ダイヤモンドと金」だ。

「自分の手で地中の金を採掘したほうが、金はより光り輝く。もしも、誰かが掘り出したものを手渡されただけなら、それはただの『モノ』。けれども、自分が戦って勝ち得たものならば、もっと意味をもったものになる」

この曲の中には、そんなことを訴えかける歌詞もある。まさに、母カリコ氏の魂そのものとも言えるこの歌を、娘にも伝えたかったのだろう。

フランシアさんは言う。

「この歌は、うちの家族の生き方そのもの。母は、一生懸命働くことは人生の一部であり、そうすることで人は報われるのだということを教えてくれました。私たち家族は粘り強さが性分。目の前に不利な条件が立ちはだかろうと、それを克服し、進み続けるためにあらゆる努力をする。たとえどのような障害が立ちはだかろうとも。スポーツの世界でそれが何を意味するか私は知っているし、母は科学の世界でそれを経験してきたんです」

ボロボロになった身体で挑んだ、2度目のオリンピック。ロンドン大会では、決勝戦で半分の1000メートルまで来ると、金メダルを確信したという。

いくつもの困難を乗り越え、チームで勝ち取ったオリンピックの勝利。金メダルを手にしたとき、フランシアさんは「これでやっと身体を休めることができる」と心底安堵したそうだ。

ギリギリのコンディションの中にあっても、オリンピックで娘が勝ち抜いた姿に自身を重ね、親の背中を見て育ったフランシアさんをカリコ氏自身もとても誇りに思ったことだろう。

科学者にはシャイな人が多い。カリコ氏もまた然りで、自分のことを語るのは苦手としているが、娘のことになると饒舌《じょうぜつ》になる。

「研究者としては無名に等しいけれど、２大会連続でゴールドメダリストとなった娘の母としては顔が知られているわ」と笑顔になる。

自慢の娘と自分の共通点は、「ネバー・ギブアップ」の精神。ボートの世界でも、研究の世界でも、挑み続けることが大切だと考えているところだ。

その後、第一線を退いたフランシアさんは、アメリカ西海岸に拠点を移し、コーチとしての道を模索し始めた。

これまでの研究成果がいよいよ花開く

そんな折、２０２０年を迎えると、世界中が新型コロナのパンデミックに襲われた。ほどなくして、フランシアさんは、ビオンテックがコロナワクチンの開発をしているという新聞記事を読んだ。カリコ氏がビオンテックのシニア・バイス・プレジデントをしていたので、母に聞くと「母は『あ〜、まぁ、そうね。うちの研究グループがやってるわ』とだけ言って、その時は、あまり説明をしようとしなかったんです」

2020年10月。フランシアさんの結婚式で両親がウェルカムスピーチをした。そのとき、父親は「母親（カリコ氏）は、ワクチンについて質問があったら喜んで話をするそうです」と冗談を言って、皆を笑わせたという。

結婚式から1か月後。11月になると、冗談は冗談でなくなっていた。カリコ氏はメディアの注目を集めるようになっていたのだ。

「パンデミックになり、母もビオンテックもワクチン開発に舵を切りました。これまでの研究成果がいよいよ花開く時がくる。そんな自信と期待があって、治験の結果が待ち遠しかったようです。母は、絶対いい結果になるとわかっていましたから。結果が発表になる前日には、私に『ニュースを見なさい、プレスリリースを見なさい』と連絡をしてきました」

「治験の結果は、ウイルスの感染を95%防ぐ効果があるというものでした。どんなワクチンでも、このような高い効果の治験結果が出ることはない。母は天にも昇る心地だったはずです。彼女がこれほど長い間研究し、ときには人から無視されても研究し続けた技術が成功していることをどれほど嬉しく思ったことか。この結果には、私も言葉を失いました」

「母は、科学の世界で金メダルに輝いたんです！」

「こんなに喜ばしいことが起きたのに、相変わらず、母はとても現実的な人で、大袈裟にお祝いをしたわけでもありません。何か欲しいものを買って散財したりとか、ご馳走を食べたりとかもしませんでした。唯一、母がしたことといえば、大好きなチョコがけピーナッツ菓子の『グーバーズ』をひとりで一箱食べ切ったこと。父と私に向かって『今日は全部食べるわよ』と言いながらね」

実は、フランシアさんは現在、サンディエゴにあるTriLink BioTechnologiesというバイオテクノロジーに関係する会社で働いている。自身が通ったペンシルベニア大学では、犯罪学で修士号を取得し、ＵＣＬＡ（カリフォルニア大学ロサンゼルス校）でＭＢＡを取得。生物学をおさめたわけではないが、母と共通する分野に進み、自身の専門性を生かした仕事をしている。

「生物学ではなくビジネスの分野で、ＭＢＡという資格を生かした仕事ですが、多くのバイオテク企業や製薬会社と仕事をしながら、最新の技術について聞くのはとてもエキサイティングなことなのよ」と生き生きとした表情で話すフランシアさん。

「私が勤務するバイオテク企業は、ファイザーのワクチンで使われる原材料を製造する会社なの。だから、母は今や私のクライアントよ」

2021年、フランシアさんは男の子を出産し、母となった。カリコ氏に初孫が誕生したのだ。「ばあば」となったカリコ氏は、可愛い孫にすっかりメロメロだという。そんな母の姿を見ながら、自身も母となったフランシアさんは、いろいろ思うところがあるそうだ。

「自分も親になって考えるのですが、自分が家族を連れて、いろいろな政治的制約がある中、全く知らないところに行くことになったらどうするか。それをやり遂げた両親を本当に誇りに思います」

「働きながら、母は食事の支度もしてくれた。外食をした記憶はほとんどないわ。食卓に並ぶのは、ハンガリー料理がほとんど。きっと疲れていたときもあったはずなのに、食卓を囲むときはいつも楽しそうだった。仕事があって忙しいときも、私を見ると『さあ、お外で駆けっこしましょう！』と言って連れ出してくれる。すべての面で私をサポートし、家族を思いやる気持ちを忘れずに、今日まで一緒に歩んできてくれました。そんな『尊敬できる』母と、母や私を全面的にバックアップしてくれた父。両親が私の人生のお手本であることを本当に嬉しく思います」

「母は２０１３年にドイツのビオンテックで働き始めました。その時点で、すでに何年も研究を積み重ねてきていたので、ドイツでは研究の成果を実践に移す段階でした。そのことも娘としては嬉しかった。彼女の目標は自分が生涯を捧げた科学の研究が、たったひとりに対してでもいいから、その人のQuality of Lifeを改善することに役立つことでしたから」

それどころか、新型コロナのパンデミックに際して、カリコ氏の研究は、世界中の人々の命を救うことになった。にわかにノーベル賞候補といわれ、世界中から注目を集めている。周囲は騒がしくなる一方だが、カリコ氏自身はもとより、フランシアさんもこの状況を冷静に受け止めている。

「母の功績は、もちろん認められるべきだと思うけれど、さりとて母は別に（ノーベル賞受賞を）期待もしていないと思う。彼女にとって真に認められることは、それ（研究内容）が機能すること。自分の研究によって、人々の病が治り、命が救われること。全くブレない彼女の信念です」

「それは、私にとってのボートのレースでの優勝と似ている。金メダルは素敵だけど、大事なのはレースに勝つこと。『ふん！　今日は勝ったわ！』と言えることが、誇りに思えることなのです」

「私たち家族は、アメリカンドリームを体現しました。東欧の小さな国の片田舎から、何も持たずにアメリカに来て、大した機会も与えられなかった。それどころか、多くの障害がありましたが、ピンチをチャンスに変えながら、最善を尽くして進み続けました」

「ボート競技では、皆後ろを向いているので、ゴールの瞬間が見えません。母にとっても同じで、いつ終わりが来るかわからない。だからその過程を信じて、努力をするしかない。それが、今日《こんにち》の結果につながった。振り返ってみたら、そうなっていた、ということなんだと思います」

「もし、ノーベル賞に輝いたら、私はこう言うでしょう。『ママ、やったね！』」

第3章

mRNA研究の画期的な発見
新型コロナワクチンの開発へ

ようやくｍＲＮＡが引き起こす炎症反応を克服

新型コロナワクチン開発の救世主となったｍＲＮＡの研究は、昨日今日始まった訳ではない。カリコ氏と同様に、40年近く前の学術界でも、ｍＲＮＡの性質に着目して研究をしていた人たちはいた。しかし、どうしても乗り越えられない壁があって、ほとんどの研究者は途中でｍＲＮＡの研究を断念してきた。

どうしても乗り越えられなかった壁。それが、ｍＲＮＡが体内で引き起こす炎症反応である。

カリコ氏が渡米した頃、１９８０年代の研究者たちは、ｍＲＮＡを人工的に作って細胞の中に入れれば、タンパク質を作ることができて、それが薬などを作る際に利用できることはわかっていた。しかし、人工的に作ったｍＲＮＡを体内に入れると、異物が入ってきたと身体が認識してしまって細胞がそれを拒絶し、激しい炎症反応を引き起こしてしまう。その結果、細胞も死んでしまうので、安全性の観点から見てｍＲＮＡを使って作った薬を実際にヒトに投与する臨床実験は不可能だと考えられてきた。

その不可能を可能に変えたのが、カリコ氏とワイズマン氏の共同研究だったのだ。

ＲＮＡは大きく3種類に分けられる。ｍＲＮＡの他に、ｔＲＮＡ（トランスファー

RNA）、rRNA（リボソームRNA）があって、それぞれがタンパク質を作る時の役割を担っている。mRNAは、タンパク質を作るための設計図。tRNAはタンパク質を作る時に必要なアミノ酸を設計図に応じてmRNAに届ける（運ぶもの）。rRNAは、タンパク質の合成工場であるリボソームを構成しているもの。リボソームはmRNAに届けられたアミノ酸が設計図に見合ったものかを判断し、タンパク質に合成するのがrRNAの役割ということになる。

カリコ氏とワイズマン氏のふたりは、細胞から取り出した多種類のRNAを、別の細胞に与えた時にいったい何が起きるのかという観察を続けていた。するとある時、tRNAだけが、細胞に与えた時に炎症反応を引き起こさないことに気付いた。炎症を引き起こしてしまうmRNAと、いったい何が違うのか。

「tRNAには、mRNAにはない化学修飾（かざり）がありました。それが炎症を引き起こさない理由なのではないかと考えたのです」（カリコ氏）

RNAを構成するウリジンという物質を見ると、tRNAのウリジンにはmRNAにはない化学修飾が付いていた。つまりこれが、自分のRNAと人工的に作られたRNAを見分けるカギなのではないか。mRNAのウリジンにもtRNAと同じ化学修飾を付ければ外から入ってきたと思われず、炎症を引き起こすこともないのではないか、と。

早速、mRNAのウリジンにtRNAと同じ化学修飾を施し、それを細胞に与えてみた。すると、見事に炎症反応を引き起こさなかった。

また実験では、ネズミにこれを注入しても、拒絶反応を起こしたり、死んだりすることはなかったのだ。

「『Oh My God！　これで使えるわ』と叫んだの。Wow！　夢が叶った瞬間でした。ただただ、驚くばかり。でも同時に『オッケー、これはとてもとても重要な発見だわ！』とも思いました」

「一方で、すぐには100%まで信じられなくて、実際に実験を何度も繰り返しました。何か間違えたかもしれないと思って。でも、何度繰り返しても、タンパク質は生成されました。大丈夫だとわかって、われわれはとても興奮しました。お互いにデータを見て、wow…ahって声を上げました」（カリコ氏）

「カティ（カリコ氏）と私は、初めからこのテーマに挑み、決して諦めなかった。実験の技術が下手だから研究をやめるべきだとは一度も思わなかったけれど、すべての過程が私たちにとって戦いだった。この研究に興味をもってもらうために、人、企業、製薬会社を説得し続けた。時間はかかったけれど、やっと、やっと達成できたんだ」（ワイズマン氏）

２００５年、カリコ氏はワイズマン氏とともに、ｍＲＮＡが人体に引き起こす拒絶反応を抑えるこの画期的な手法を、科学雑誌『Immunity』に発表した。

２００６年には、ふたりでＲＮＡＲｘというスタートアップ会社を設立。これに対してＮＩＨ（米国国立衛生研究所）から約１００万ドルのビジネス助成金（中小企業技術移転プログラム）を得て、研究を続けた。カリコ氏は「最初で最後の助成金」だったと言う。

画期的な発見にもかかわらず、大学では相変わらず冷遇され続けたし、ふたりの発表した論文が学会で注目されることもなかった。

「会議などでプレゼンをしていても、『君の上司は誰か』と聞いてきたりする人がいた。私が訛りのある英語で話す女性だから、『裏で彼女にアドバイスをする人がいるに違いない』と勝手に推測されているようでした。なかなかｍＲＮＡの本当の価値を認めてもらえなかったんです」（カリコ氏）

２００８年には、さらに研究を重ね、ｍＲＮＡのウリジンを「シュードウリジン」という特定の化学修飾を付けたものに発展させた。このシュードウリジンを施したｍＲＮＡを使うと、炎症が抑えられるばかりか、タンパク質の設計図であるｍＲＮＡがどんどん細胞の中に入っていき、大量のタンパク質が作られることがわかったのだ。

「驚いたと同時に、本当に嬉しかった。だって、10倍ものタンパク質ができたのですから。長年夢見てきた治療薬や遺伝子治療は、もう夢ではないんだと」（カリコ氏）

大学はふたりの手法を「Kariko-Weissman technique」と呼んで、特許を出願した。ふたりの連名で出された最初の特許出願が認可されたのは、２０１２年。その後、ｍＲＮＡ技術に関する特許を9件取得することになる。

しかしこれは、彼女たちの本意ではなかったようだ。

「私たちは、最初に作ったヌクレオシド改良型ｍＲＮＡ（ヌクレオシドはｍＲＮＡの鎖を構成する単位。ウリジンはヌクレオシドのひとつ）を特許にしたくなかった。私たちはすべての人にこの手法を使ってほしかったから。でも、特許をとらないと誰も開発も投資もしてくれないと言われたからやむをえずそうしたんです」

「お金のためじゃなかったんです」

カリコ氏の研究の 2 つの発見

① mRNA が体内に入った時に、炎症反応を引き起こさないようにした

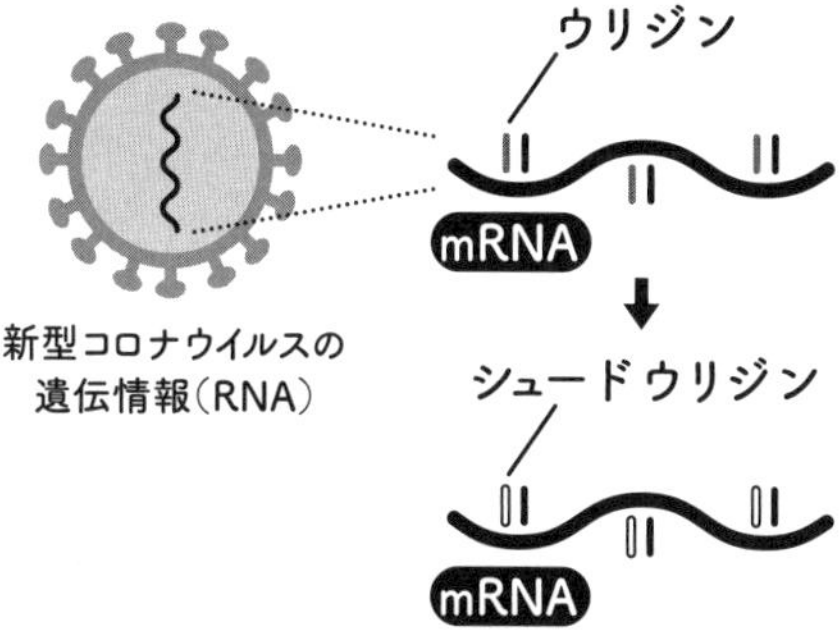

人体に炎症反応が起きる

炎症反応が起きず、mRNAワクチンとして接種することができる

② mRNAを脂の膜で覆った

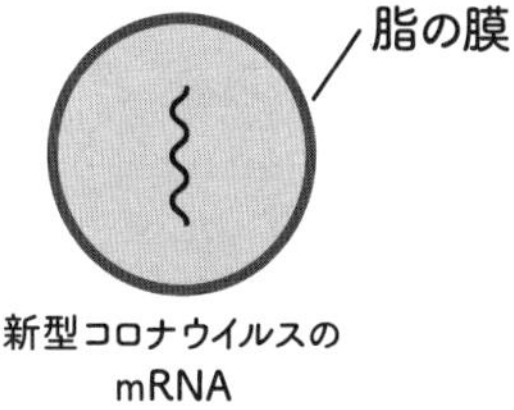

不安定な mRNA を脂の膜で覆うことにより安定させた。これにより、ワクチンや治療薬などに活用することができるようになった

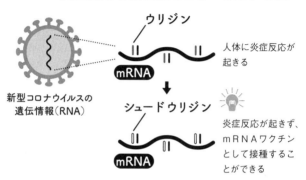

そもそも、当初は大学側が簡単に特許を出願させてくれなかった。そのためには、知財担当者を説得しなければならなかったのだ。

「彼（知財担当者）は、全然乗り気じゃなかった。『これのどこが優れているのか？』と聞くばかり。彼が私たちの発見を全然理解できないことに、本当に落胆したわ」

と、カリコ氏は当時を振り返る。

諦めようかと思ったその時、カリコ氏はあることに気付く。それは、担当者の頭がハゲかかっていたことだった。

「私、こう言ったの。『知ってる？　mRNAで髪が生えてくるかもしれないわ』って。そうしたら、急に興味を抱いたみたいで表情がパッと変わって『本当に？』って聞いてきたの。

もちろん、こう答えたわ。『ええ、できるかもしれないわ』と。彼ったら急に乗り気になってきたのよ」（カリコ氏）

結局、打ち合わせの最後には、特許を出願することに同意してくれたそうだ。

とはいえ、2005年に発見したヌクレオシド改良型mRNAの特許に関して、カリコ氏たちは大学側と争うことになってしまった。ふたりで作ったスタートアップ会社RNARxは無くなり、大学は、独占的使用権を第三者とその関連会社に売ってしまったのだ。そのため、カリコ氏たちはせっかく改良したmRNAなのに、人体に対する治験（臨床試験）までこぎつけることができなかったという。

さらに2009年、カリコ氏は、それまでの上級研究員という立場から「非常勤」准教授となった。ここにきて非常勤の立場にされたということは、学術界で上を目指す道が事実上閉ざされたことを意味する。それでも、カリコ氏たちのmRNAの研究は、最大の難関であった炎症反応の問題をクリアし、さらには大量のタンパク質を作り出すことを可能にするところまできていた。

ビオンテックでmRNAワクチンの実現化へ

これだけ大学側に冷遇されても、カリコ氏はブレることはなかった。あとは、これをどう実用化して、病に苦しむ人たちに届けるか。彼女の目標は、常にそこにあった。誰も乗り越えられなかった壁を乗り越えたカリコ氏たちの成果は、徐々に注目を集めるようになっていった。

２００５年に論文を発表した頃から、カリコ氏の研究に日本人の村松浩美博士が加わった。村松氏は大学の隣の研究室に所属していて、脳虚血が起こす炎症反応の研究をしていたという。彼は動物実験を得意としていたが、研究に行き詰まりを感じていた。そこで、カリコ氏の誘いを受け、研究室の教授にも黙認してもらう形で共同研究に参加するようになった。

２０１２年には、シュードウリジンにさらに修飾を加えて改良し、タンパク質をさらに効果的に作ることにも成功した。現在のワクチンに使われているのはこの技術を使ったｍＲＮＡである（メチルシュードウリジン）。この年、日本の武田薬品工業から、肺気腫の治療を目的としたｍＲＮＡ開発の資金提供を受けることになった。翌２０１３年に来日したカリコ氏は、武田薬品工業を訪問しているが、彼女自身の研究に使えた資金はほんの一部でしかなかったそうだ。それでもカリコ氏は、研究を続けたい、そのための資金を出してくれるところなら、どこへでも行こうという気持ちだったという。

同じ頃、カリコ氏の研究に着目した人がいた。それが、ドイツの製薬会社「ビオンテック」の創業者、ウグル・サヒン博士だ。ビオンテックは、2008年にサヒン氏と妻のオズレム・トゥレシ氏が創業したベンチャー企業。ふたりとも、トルコ系移民2世の医師である。サヒン氏はトルコ生まれ。4歳の時に父親がケルン近郊にあるフォードの自動車工場に外国人労働者として採用されたため、西ドイツに移住した。その後、ケルン大学医学部で学び、医師となった。トゥレシ氏は西ドイツで生まれた。父親がトルコのイスタンブール出身の外科医で、自身も医師を目指し、フランスとの国境近くにあるザールラント大学医学部を卒業した。

30年前に大学病院で出会ったふたりは、新たながん治療の開発を志していた。サヒン氏もまた、mRNAの研究を長年続けていたひとり。がんの治療で化学療法が効かなくなった患者に対して、何も提案ができないことをもどかしく思っていた。がんの場合、いわゆる「標準治療」がすでに確立されてはいたが、それだけではあっという間に患者に対してできることがなくなっていくことに気付いたという。そこで、2001年に最初の会社を設立して、正常な細胞を傷つけずにがん細胞だけを攻撃する抗がん剤の開発に当たった。いわゆる抗体療法である。なぜ、会社を設立したのか。そこには学術界における「死の谷」の存在があった。「大学病院で研究を続けていた私たちが、がんの治療薬を作る研究成果をあげても、その成果を使って薬を作ってくれる企業がなければ、患者のいる病床に届けることができなかった。それが会社を立ち上げる動機となった」とサヒン氏はインタビューで語っている（２０２０年12月3日 THE WALL STREET JOURNAL 日本版ウェブサイト）。

その後、がんの治療法の研究を、抗体療法からｍＲＮＡを用いる方法にも広げるために創業したのがビオンテックである。

２０１３年７月、カリコ氏の講演を聞きに来ていたサヒン氏は、カリコ氏に声をかけた。

「私たちが開発した、改良型ｍＲＮＡがサヒン氏の会社で使えるのではないかと、興味をもってくれたのです。彼は、その場で私に仕事のオファーをしてくれました。私もＯＫと即答しました」（カリコ氏）

同年、ビオンテックのバイス・プレジデント（副社長）に就任したカリコ氏。ペンシルベニア大学で一緒に研究をしてきた村松氏とともに、ドイツへ渡り、ビオンテックで研究を続けることを決意する。

「私も村松氏も、家族をアメリカにおいてドイツに行きました。それがどんなに辛い決断だったか。ドイツに行った最初の1週間は家族が恋しくて毎晩泣いていたわ」

パンデミックになるまでのここ数年間は、1年のうち10か月はドイツのマインツで過ごし、夫や娘が訪ねてくる、という生活になった。朝は走るのが日課となり、ハーフマラソンやフルマラソンにも挑戦したことがあるというほど、カリコ氏は強靭な体の持ち主だ。

ビオンテックの従業員は約1800人。半数が女性で、科学者の国籍は60か国にわたる。カリコ氏はここで、小学校時代からの友人で大学時代のクラスメイトのノルベルト・パルディ氏と再会。また共に研究に携わることになる。製薬ベンチャー企業のCEOの多くは、研究者ではなく単に経営者ということが多いが、ビオンテックCEOのサヒン氏は科学者。しかも、財務、セールス部門の責任者も含め、取締役は全員科学者だという。科学の視点に重きを置き、だからこそ、誰もやったことがない新しいことに次々と挑戦していくビオンテックの姿勢にカリコ氏も納得し、やりがいを感じてきた。これまでの大学での環境から考えると、雲泥の差だ。ここでカリコ氏は、サヒン氏はじめ仲間たちと一緒に、がん治療のワクチンや、ジカウイルス、インフルエンザウイルスのワクチン開発にすでに着手していた。mRNAの技術を使ったワクチンは壊れやすくて不安定だったが、脂質の膜で覆うことで不安定さを克服することにも成功した。

ワイズマン氏、そして同じハンガリー人科学者パルディ氏とともに、カリコ氏は2017年、更なる画期的な研究発表を行なった。少量のmRNAワクチンをネズミやサルに投与すると、動物がジカウイルスから守られるという内容だ。ジカウイルスは蚊を媒介してヒトに感染する病気で、2016年のブラジル・リオデジャネイロオリンピックの時に現地で流行していたのでご存じの方もいるだろう。妊婦がかかると胎児に影響があるので、日本からの取材で女性を現地に送り込むかどうかといったことが話題にもなった。このジカウイルスの研究で特筆すべき点は「サルにもネズミにも同量のmRNAワクチンを使ったところ、より大きな動物に対して量を調整する必要がないことだった」とカリコ氏は説明している。つまり、われわれが新型コロナワクチン接種にあたって、体の小さな（体重も少ない）人と大きな人のワクチン量が同じというのはおかしいのではないか、小さな人は量が多すぎて副反応が起きやすいのではないか、といった類の心配を否定するひとつの結果だということだ。

新型コロナウイルスの世界的流行が起きて

カリコ氏は、2020年2月初旬、中国武漢で新型コロナウイルスの流行が始まったという知らせを、姉に会うために帰国していたハンガリーで聞いた。どんどん情報は入ってきたが最初は「遠い中国のことでしょう」くらいにしか思っていなかったそうだ。

しかし、ビオンテックCEOのサヒン氏は、それより前の2020年1月25日の段階である論文を読み、中国で発生した原因不明の病気が世界を巻き込むことを確信し、すぐに新型コロナワクチンの候補を10種類ほど考えて設計した。すでにビオンテックは、2018年からファイザーとの共同開発でmRNAを使ったインフルエンザワクチン開発に着手していて、臨床試験を始める段階だった。その積み重ねがあったので、新型コロナワクチンも、世界各地で臨床試験を展開し、製造や配送をするための準備に時間はかからなかった。2020年3月にはファイザーとの間に提携契約を結び、4月には臨床試験が始まった。このスピード感で11月には治験の結果が導き出され、サヒン氏からカリコ氏に報告の電話がかかってきた。

「11月8日、この日は日曜日でした。サヒン氏がアメリカに電話をしてきたのです。『部屋に誰かいるか？』と聞かれたので、夫がいると答えました。夫に話していいのかどうか、知られてもいいかどうかはその時点では判断がつきませんでしたが、電話の向こうからサヒン氏が『フェーズ3の結果は有効だ』と言ってきたのです。結局、夫にも『うまくいったわ』と話しましたが」（カリコ氏）（フェーズ3とは、新薬開発で多数の患者さんへの治験の段階をさす。第3相という言い方もするが、この3番目の段階で有効で安全と判断されれば、承認を経て実用化ということになる）

この時、カリコ氏が自分へのご褒美として、大好きなグーバーズというチョコがけピーナッツをひと箱食べたことは前章のとおりである。

翌12月、カリコ氏はワイズマン氏とともに、ペンシルベニア大学でワクチンを接種した。

普段は感情的にならないカリコ氏も、この時は感極まったそうだ。

「接種の準備が整うまでの間、ワイズマン氏とこれまでの研究を振り返って話をしました。目の前には、医療従事者や医師などが並んでいました。隣の部屋で、みな順番に接種をしていたのですが、私たちの接種が終わって外に出ると、『このワクチンの発明者が出てきたぞ』と脳神経外科のトップが言い、何人かが拍手をし始めたのです。

そこで私もこれまでの様々な感情がこみあげてきて、涙ぐんでしまいました」

そんなカリコ氏だが、それでも彼女の生きる姿勢や考え方、価値観には揺るぎないものがある。

「真に称えられるべきは、新型コロナウイルスと最前線で向き合っている医療従事者や、こんな時でも仕事を休めないエッセンシャルワーカーと呼ばれる人たちです。私はただ研究や実験に没頭してきただけ。好きなことを続けてきただけなのです」

「ワクチン開発によって、自分がこれほどまでに注目されるようになるとは思ってもみませんでしたが、だからと言って、私の何が変わるわけでもない。パンデミックで自分が有名になることと、パンデミックが起こらずに自分が無名のままでいることと、どちらを選ぶかと聞かれたら、迷わず後者を選びます。私は、基礎科学の研究者。mRNAワクチンの技術が他の病気の予防や治療に役立つこと。それこそが、私が願っていることなのです」

「科学者は、生涯歌い続けるロックミュージシャンと同じ。私も命ある限り、研究を続けていきます」

ｍＲＮＡワクチンとは

ｍＲＮＡワクチン。今では当たり前のように、新型コロナワクチンの説明で使われているが、そもそもいったいどういうものなのか。

新型コロナウイルスのワクチンが、パンデミックからわずか1年足らずの間に開発、緊急承認、実用化された背景にあったのが、カリコ氏が長年研究を続けてきたｍＲＮＡだということは、これまで話してきたとおりである（ファイザー製については、２０２１年8月23日、米国食品医薬品局［ＦＤＡ］が正式承認）。

では、そもそもｍＲＮＡとは何か。ｍＲＮＡは特別なものではなく、普段から私たちの体の中で使われているものだ。体内には無数の細胞があって、一つひとつの細胞の中には核がある。この核の中にあるのがＤＮＡだ。ＤＮＡは体の設計図であり、とても大切なもの。普段そのままで使うことはない。では、どうやって使うのか。そこで登場するのがｍＲＮＡだ。

ｍＲＮＡは、ＤＮＡの情報をコピーして使う役割を担っている。コピーした情報を核の外にあるリボソームに届け、情報を読み取ってもらってタンパク質を作る。リボ

DNAとRNAのはたらき

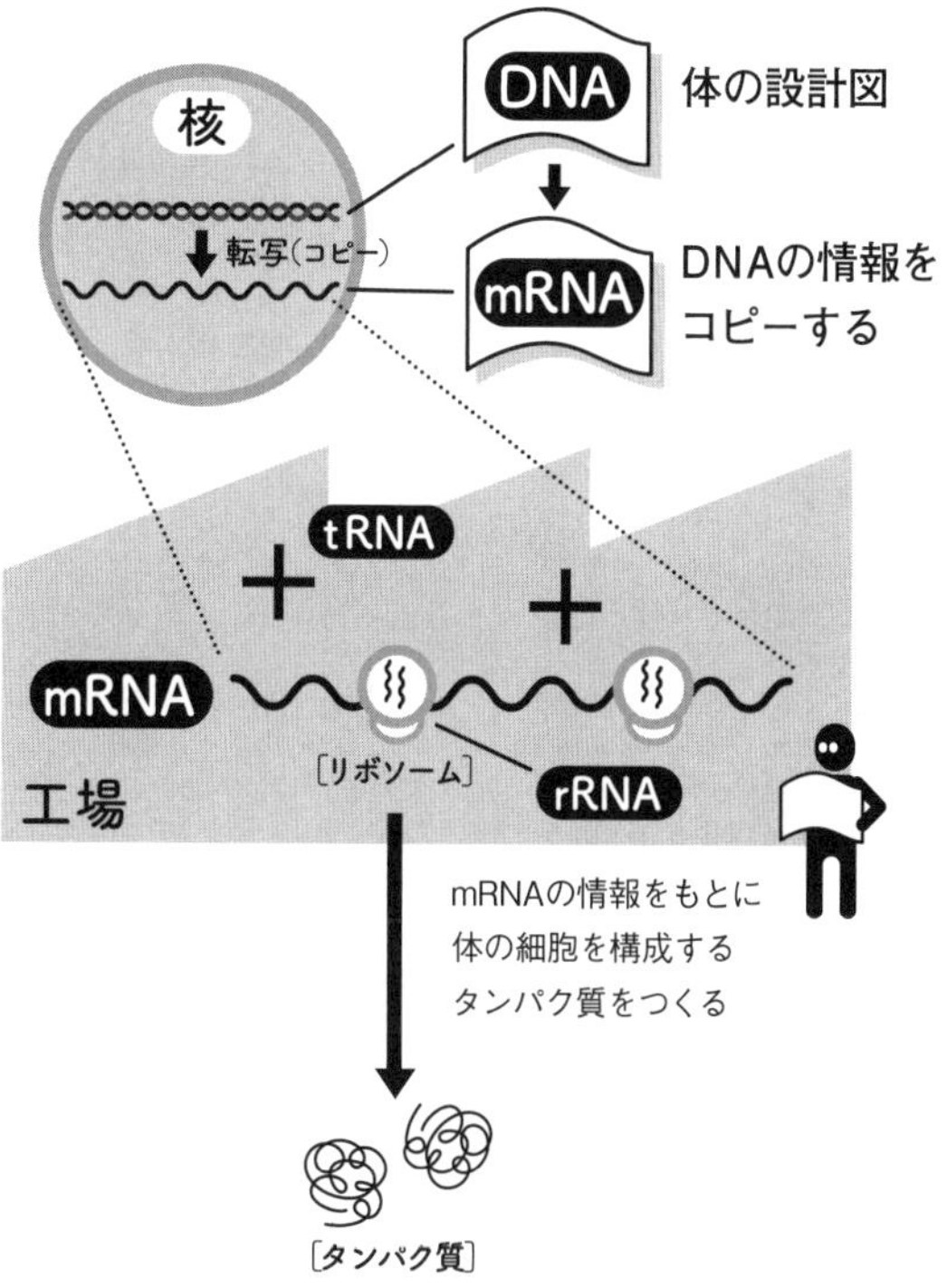

ソームはタンパク質を合成する工場。そこにＤＮＡの情報を届ける役割を担っているから、「メッセンジャー」ＲＮＡといわれるのである。このように、そもそも私たちの体の中には、タンパク質の情報があれば、その情報をもとにタンパク質を自動的に作ってくれる仕組みがある。

この原理を使って、今回のｍＲＮＡワクチンは作られたのだ。ただ、ここで使うｍＲＮＡは、新型コロナウイルスの情報をもとに人工的に作ったｍＲＮＡである。

「コロナ」とは「王冠」という意味だ。もうおなじみの映像になったが、新型コロナウイルスは、丸い形の周りがトゲトゲした突起に囲まれている。この突起は、人間の細胞に侵入するときに使うもので、タンパク質でできている。

ウイルスのＲＮＡの中の突起を作る設計図の部分だけをマネして、つまり人工的に合成して、それを脂質の膜で包んだものが、今回のｍＲＮＡワクチン。これを体内に入れることによって、新型コロナウイルスの突起と同じタンパク質を作れという指令を出させるのだ。

ワクチンを注射すると、ウイルスと同じ突起を作れという情報（ｍＲＮＡ）が細胞

mRNAワクチンのはたらき

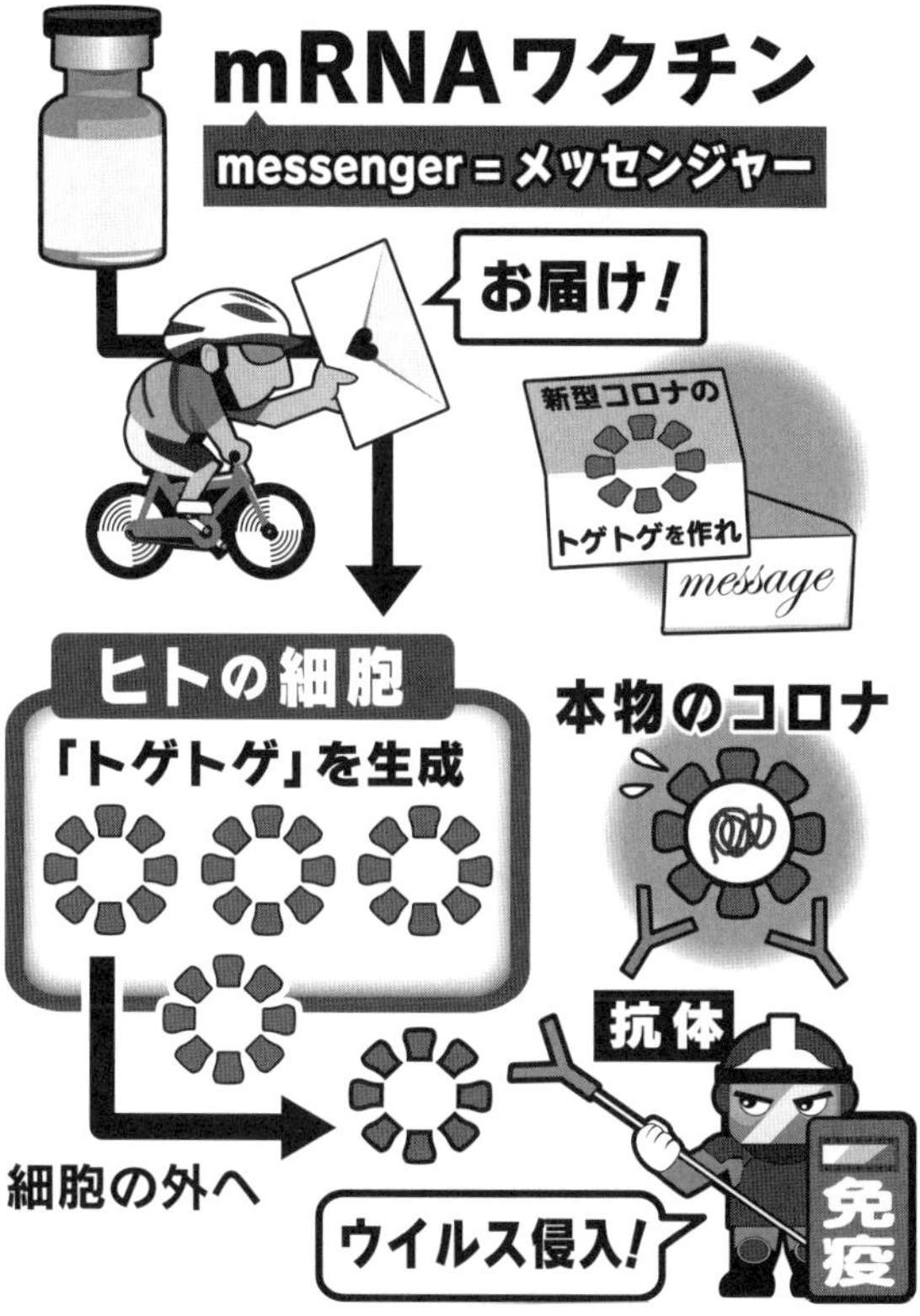

の中に入る。すると、細胞の中にあるリボソームがその情報をもとにウイルスの突起をたくさん作り出す。すると、たくさん作られた突起が細胞の外に出ていく。

出ていったところに待ち受けているのが、異物をやっつけるために働く免疫細胞である。免疫細胞には、B細胞、樹状《じゅじょう》細胞、キラーT細胞、ヘルパーT細胞などがある。

B細胞は、突起を手に入れると、その突起にくっつくタンパク質を作り出す。突起にタンパク質がくっついてしまうと、人間の細胞に侵入できなくなる。つまり、このタンパク質が抗体だ。抗体をせっせと作るのがB細胞である。

免疫細胞たちは、抗体を作るだけではない。ウイルスの情報（設計図）は、しばしば指名手配の情報にたとえて説明されるが、例えば、樹状細胞は、リボソームで作られたウイルスの突起を取り込んで、指名手配の情報をキラーT細胞やヘルパーT細胞に渡す役割を果たす。

樹状細胞から指名手配の情報を受け取ったキラーT細胞は、この突起を持つ（突起の入り込んでしまった）細胞を攻撃して殺すはたらきをする。

ヘルパーT細胞は、いわば司令塔の役割をもち、「異物をもっと排除しろ」という命令を出す。すると、B細胞は抗体をさらにたくさん作るようになり、キラーT細胞

免疫細胞の役割

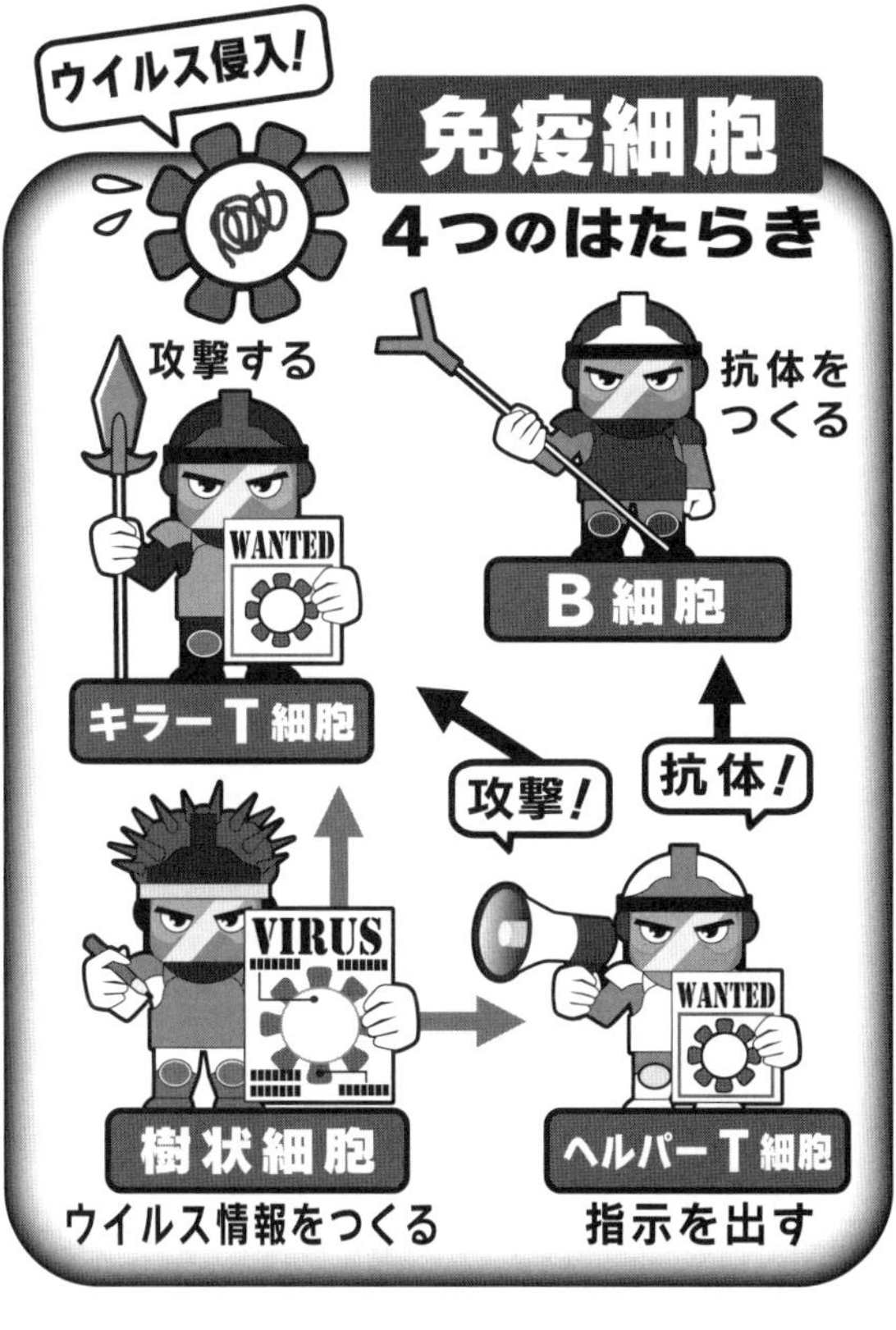
ウイルス侵入!
免疫細胞
4つのはたらき
攻撃する
WANTED
キラーT細胞
抗体をつくる
B細胞
攻撃!
抗体!
VIRUS
樹状細胞
ウイルス情報をつくる
WANTED
ヘルパーT細胞
指示を出す

も活性化して、ウイルスが入り込んでしまった細胞を殺すという訳だ。

ワクチンと抗体の量については、よくニュースで取り上げられているので、何となくわかっている、という人もいるのではないだろうか。日本で主に接種されているワクチンは、mRNAを使ったファイザー製やモデルナ製のワクチンだが、それぞれ3週間、4週間の間隔を空けて2回接種することを基本としている。1回目、2回目の抗体の出来具合を見てみると、ファイザー製の場合、1回目の接種から10日後に抗体の量が増え、3週間後に2回目の接種をしてから7日後にかけても抗体の量がグンと増えることがわかっている。

こうしてワクチンを打ち、抗体ができ、体が準備万端整ったところに、新型コロナウイルスがやってくるとどうなるか。まず、ウイルスの突起にB細胞が作っておいた抗体がくっつき、ウイルスが細胞の中に入れないようにする。万が一、細胞の中に入ってしまったウイルスがあっても、キラーT細胞が感染してしまった細胞を攻撃して殺し、素早く排除する。ヘルパーT細胞も、異物をもっと排除しろと命令を出すので、ウイルスから体を守ることができる。これがワクチンの果たす役割だ。

カリコ氏自身は「自信があった」とインタビューでも言っていたが、mRNAワクチンの有効率は、ファイザー製が約95％、モデルナ製が約94％という臨床結果が出た。これには、専門家たちも驚いたという。なぜ、これだけ高い効果があるのか。それは、mRNAワクチンが設計図通りにウイルスの突起部分を作ることによって、ウイルスに対する免疫細胞を全部作ることができるからだ。抗体だけでなく、ウイルスをやっつけるキラーT細胞や免疫細胞の活性化を指令するヘルパーT細胞などの活動を強く誘導することができるため、有効率が高くなる。

一方、私たちになじみのあるインフルエンザのワクチンの場合、接種してもかかってしまう、という声をしばしば耳にする。私自身、以前、インフルエンザワクチンを接種していたのにかかった時には、まさかと思ったことがあった。それは、インフルエンザワクチンが、ウイルスを無毒化して体内に取り込み、抗体を作らせることで感染を防ごうというワクチンで、不活化ワクチンという種類に属するからだ（日本では未承認だが、弱毒化させたウイルスを鼻から吸引する生ワクチンもある）。そのため、免疫細胞の中のB細胞だけが働き、他の細胞を強く誘導することはできない。mRNAワクチンと比較すると、抗体の出来具合や型の違いによって有効率が下がる可能性がある。専門家の話によれば、インフルエンザワクチンは、ひどい時には20～30％の有効率しかないこともあるというのだから、mRNAワクチンがいかに効率よく、的確にウイルスの設計図に基づいてタンパク質を作り出し、免疫細胞に働きかけて抗体を作ったり、ウイルスを排除したりするかがよくわかる。

ワクチンの有効性、安全性

新型コロナウイルスの変異株が次々に出てくることによって、ワクチンの有効性についてもしばしば疑問が投げかけられている。しかし、2021年7月末に発表されたCDC（米国疾病対策センター）のデータによれば、例えば最初に流行したアルファ株と比較した場合、感染力が強力だとされているデルタ株について、感染予防と発症に関しては、アルファ株はそれぞれ90％以上、デルタ株はともに64％程度という結果が出ている。この64％という数字自体も、ワクチンの有効率としては決して低い値ではない。さらに、入院・死亡の予防という観点では、アルファ株は100％に近く、デルタ株も93％という数字が出ていて、いかにワクチンが重症化を防ぐために有効かということがわかる。

ワクチンの種類について

生ワクチン

〔特徴〕　弱毒化したウイルスを使用。感染するが発病しない

〔感染症〕　天然痘(種痘)、結核(BCG)、はしか、風疹など

〔開発時間〕　作製、安全性を確かめる治験などに10 年以上はかかるといわれている

不活化ワクチン

〔特徴〕　感染性をなくしたウイルスを使用。獲得できる免疫が弱め。何度も接種する必要がある

〔感染症〕　インフルエンザ、日本脳炎、ポリオなど

〔開発時間〕　作製、安全性を確かめる治験などに10 年以上はかかるといわれている

mRNA ワクチン

〔特徴〕　ウイルスの遺伝情報(mRNA)を利用して、抗体をつくる

〔感染症〕　新型コロナウイルス他、インフルエンザにも使用できるといわれている

〔開発時間〕　ファイザー社の mRNA ワクチンは、2020 年 4 月から治験を開始し、11 月には最終大規模治験が終了した

【参考】「ウイルス・免疫・ワクチン 基礎の基礎」東京大学定量生命科学研究所 須谷尚史

カリコ氏にインタビューをした際、必ず確認をしたいと思っていたのが、ワクチンの安全性についてである。遺伝子情報を使ったワクチンだから、危ないのではないか、といった声もあったので、率直に尋ねてみた。

「結論から言えば、mRNAワクチンは非常に安全性が高いワクチンです。RNAとDNAは違います。DNAは恒久的なものです。かつて1990年代にヒトゲノムプロジェクトが始まりました。ゲノム治療というのは、ゲノムの欠陥部分を切り取ったり、新たな情報を挿入したりといった『編集』をすることによって治療をするというものです。しかし、私は、ほとんどの人にはゲノム治療は必要ないと反論しました。なぜなら、人間はケガをしても治癒する力がある。ただ、その力が足りない場合にmRNAを使えば、簡単に治療ができるんです。例えば、やけどをしたところに数回、mRNAを加えれば、短い期間で治せます。ゲノム自体を変える必要はないのです。また、RNAは劣化するといわれましたが、それでいいんです。繰り返しになりますが、DNAは恒久的なもので、RNAは壊れやすいもの。mRNAは短い時間だけ体に作用して、自分の体でタンパク質を作り出すことによって治療効果を得るのです。役割を終えたmRNAは、数日から1週間程度で体の中から消えてしまいます。薬と

同じで一時的な作用でしかない。だから、安全性も高いのです」（カリコ氏）

それでも、発熱や倦怠感などの副反応が出ることが知られているので、人によってはそれが怖いとかイヤだとかいう理由で、ワクチン接種をためらう場合もある。こうした症状については、ワクチンが入ると、まさにウイルスの感染と近いことが起きるということである。mRNAが身体に入ると、免疫反応が起きる。その時に起こる炎症反応が、注射を打った場所の痛みや腫れである。その後、全身に免疫反応が起こるので、ウイルスに感染した時と同じように熱が出るわけだ。ただ、本物のウイルスだと感染症というれっきとした病気だが、ワクチンの場合には、免疫反応を起こすだけ。つまり、真似をするだけで、病気にはかからない。そこが大きな違いだから、反応自体は心配することではない。ただ、免疫反応からくる炎症反応が、その人がもともともっている病気を誘導しやすくなるのは確かで、アナフィラキシーなどのアレルギーを起こしたことがあるとか、家族にそういうことがある人は、気をつけなければならないという。

免疫細胞の反応が2回目のワクチン接種の時に強く出るということは、誰もが知るところとなったが、要は、1回目の接種で「こういう指名手配（ウイルス）が入ってくるからよろしく」ということを体が覚え、2回目に入ってきた時には、しっかり免疫細胞たちが働くので、副反応も大きくなる、ということだ。

今回のワクチン接種で「副反応」という言葉を聞いたときに、疑問に思った人も少なからずいたのではないかと思う。副作用と副反応の違いは、治療のために薬を使ったことで思わぬ（どちらかと言えばよくない）反応が出てしまった場合が、副作用。ワクチンを打ったことでやむをえぬ反応が出た場合には、副反応という。

新型コロナウイルスのパンデミックが起こった時、これまでの常識だと、ワクチン開発には数年かかると考えられていた。しかし、わずか1年足らずという短い期間で、ワクチンが開発できたのは、それまで長い年月をかけて、カリコ氏のようなｍＲＮＡの研究に取り組んできた存在があって、ジカウイルスやインフルエンザといった感染症のワクチンをすでに作った経験があったからこそなのだ。

スペシャルインタビュー

山中伸弥教授に訊く
カリコ氏との研究者としてのきずな

京都大学ｉＰＳ細胞研究所　所長
公益財団法人京都大学
ｉＰＳ細胞研究財団　理事長

mRNAの技術とiPS細胞の研究について、そして、カリコ氏の研究者としての人柄にまで話は及んだ

２０１２年ノーベル生理学・医学賞を受賞した山中伸弥先生。世界で初めて人工多能性幹細胞の作製に成功した方だ。英語では、induced pluripotent stem cell。その頭文字をとったiPS細胞の名を知らない人はいないだろう。カリコ氏の研究と山中先生との研究には共通点があり、カリコ氏のmRNAの技術とiPS細胞が出合ったことによって、iPS細胞が効率よく、たくさん作れるようになり、mRNAの技術が広く知られるきっかけとなったという。米国アップル社の音楽プレーヤーiPodのように親しみのある、身近な存在になってほしいとiPSのiをあえて小文字表記にしたという山中先生。コロナ禍が続く中、「人類への脅威となった新型コロナウイルスに対し、医学研究者として何かできないか」と、多忙を極める中にあって「山中伸弥による新型コロナウイルス情報発信」というサイトの運営も開始した。同じ研究者から見たカリコ氏、そして新型コロナワクチンとiPS細胞、ご自身の研究の将来について伺った。

（２０２１年６月30日　リモートインタビュー）

※iPS細胞：ひとつの受精卵が分裂を繰り返して、ヒトや動物の体は作られていく。そうして作られた臓器や組織は、一度役割が決まってしまうと元には戻らないと考えら

れてきた。しかし、山中先生は、2006年にマウスの皮膚の細胞に、4つの遺伝子（Oct3/4, Sox2, Klf4, c-Myc）を入れると、細胞が受精卵のようにリセットできる、つまり細胞を「初期化」する実験に成功した。この初期化された細胞がiPS細胞で、ノーベル賞受賞となった。2007年には、ヒトからもiPS細胞を作れるようになり、様々な病気の治療の研究に使われている。

――カリコさんとお知り合いになられたきっかけは何ですか。

山中　iPS細胞でもmRNA技術を活用していますので、論文上ではずいぶん前から存じ上げていました。ただ、実際にやりとりがあったのは、欧米で新型コロナワクチンが緊急承認されてからです。2020年の年末から2021年の初めぐらいだったと思います。ある方から紹介していただいて、メールを差し上げたのが最初でした。

私たちがiPS細胞を作る手段として、これまでレトロウイルス・ベクターなどを使って作製してきました。それ以外の方法として、2010年に、カリコ先生の技術を応用して、mRNAを使ってiPS細胞を作るということをハーバード大学の研究者が示したんです。それが、随分効率がいい方法で、私たちも一部その手法を取り入れるようになりました。mRNAで遺伝子を導入しようとしても、普通は私たちの細胞の免疫が異物と見なして攻撃してしまう。だからうまくいかなかったのですけれども、カリコ先生はそれを非常にうまく回避する方法を見つけられたんです。私たちのような医学、生物学だけを研究している人間には全くできなかったことでしたから、すごい方だなと思っていました。

※レトロウイルス・ベクター：レトロウイルスとは、RNAウイルスの一種。ベクターとは、細胞外から内部へ遺伝子を導入するための「運び屋」を指す。レトロウイルス・ベクターは、目的遺伝子をレトロウイルスに組み込み、細胞に感染させることにより遺伝子を導入する。（参考：京都大学iPS細胞研究所 HP）

――mRNAを利用すると、iPS細胞が効率よく作れるということなのですね。

山中　はい。細胞に導入するのは、私たちが使った同じ4つの因子なんですけれども、導入の方法が違うということなんです。mRNAを使った方が、私たちの方法よりもはるかに効率よくiPS細胞ができるということを10年前に示されたんですね。ただ、カリコ先生ご自身がｉＰＳ細胞の研究をされていたのではなく、カリコ先生の技術を知ったハーバードの研究者が応用したということなんです。だから、ハーバードの研究者の方は、ある意味ライバルといいますか、そういう関係でもありますね。

――ｍＲＮＡは、ここにきてすごく急激に、新型コロナワクチンのことで注目されるようになりました。カリコ氏は40年来、ｍＲＮＡの研究を続けてきたといいます。その研究姿勢について、どんなふうにご覧になっていますか。

山中　先日、リモートでしたがカリコ先生との対談をさせていただきました。カリコ先生は、これまで非常に粘り強く研究を続けてこられた方です。ハンガリーのご出身ですよね。母国ハンガリーでは十分に研究ができない状況となり、ご主人と小さなお嬢さんとアメリカに渡られた。アメリカでも手厚いサポートがあったわけではなくて、かなり厳しい状況の中で、何とか今日まで、ご自身の研究をずっと続けてこられたと。

私自身、人生のモットーを「ＶＷ」と言っています。ビジョン（Vision）とワークハード（Work hard）の頭文字をとったものです。カリコ先生はまさにしっかりしたビジョン、自分のぶれない研究テーマをずっともっておられて、それを達成するために、いろいろな困難にも負けずに打ち勝ってここまでこられた。そんな姿は、私たちにとっても目標というか、まさにお手本です。そして同時に、研究というのは、そんなにいつもうまくいくわけではないと。やはりいろんな困難を乗り越えていかないとだめなんだなということを再認識させてくださった。改めてそんなことを教えていただいた、と思っています。

――山中先生も同じような思いをもって、今日まで研究なさっていらしたというところもあるんじゃないでしょうか。

山中　そうですね。一生懸命さまざまな困難を、いろいろな工夫で乗り越えてきた、という点では同じだと思います。ただ、カリコ先生は研究テーマが首尾一貫している。「mRNA」を病気の治療や新薬の開発などに役立てたい、というテーマでずっと研究を続けてこられた。この道一筋40年というのでしょうか。

私は逆に、自分の実験で予想外の結果がいろいろ起こりまして、その時々の実験結果によって、テーマが変わってきました。

ですから、いい研究をしたい、という思いは同じなんですが、テーマの一貫性という点で見ると、カリコ先生は一直線の研究人生、私の場合は回旋型の研究人生なんでしょう。どちらがいいという訳ではなく、両方のやり方で研究が進められていくことで、よりよい研究成果に結びついていく面があるのではないかと思います。

――次に、ワクチンの開発についてお聞きしたいと思います。今回、カリコ先生のmRNAの技術を使ったワクチンが、短い期間で実用化されるということになりました。残念ながら、まだ日本では、国産ワクチンの開発・実用化に至っていません。この点について、どうお考えでしょうか。

山中　新型コロナワクチンは、mRNAという技術を使ったものだけではなくて、他にもアストラゼネカやジョンソン・エンド・ジョンソンが、アデノウイルスベクターを使った方法で非常に早く開発できたんですね。そうした企業や研究者は、今回の新型コロナウイルスが出てくる前から、他の種類のワクチンの研究開発を行っていたと思います。カリコ先生のビオンテックやモデルナがそうです。

日本のワクチン接種で主に使われてきたファイザー・ビオンテックとモデルナのワクチンは、カリコ先生のmRNAの技術を使ったものです。このモデルナの創業者が、ハーバード大学の研究者で、2010年にmRNAの技術でiPS細胞を効率よく作ることに成功した方なんです。いろいろな医学応用の研究がある中で、モデルナもワクチン開発を非常に大切なプロジェクトにされていたと思います。

ワクチンというと、感染症に対するワクチンが一般的ですよね。インフルエンザとか、今回の新型コロナウイルスとか。でも、ビオンテックやモデルナは、感染症に対するワクチンに加えて、がんに対するワクチンの開発も行なっていました。がんは、今、日本でも国民の2人に1人がかかる国民病で、世界中でも増えています。がんのワクチンは、予防というより治療に近いものですが、患者さんが多いので、がん治療に対する要望も非常に多い。そういう意味でかなり力を入れて研究されていたと思いますから、ワクチン開発の下地があったんですよね。そこに新型コロナウイルスがばっと襲ってきて、新たなパンデミックが起こった。その下地を応用して、新型コロナワクチンの開発ができたわけです。実際、2020年の1月、2月にはワクチン開発に乗り出されたと思います。モデルナの場合は5月、6月には有望なデータを論文として報告していましたし、ビオンテックも8月くらいには、治験のデータを発表されていました。そのスピード感で論文を発表できたのは、やはりそういう研究の下地があったからこそだと思います。

※アデノウイルスベクター：アデノウイルスとは、DNAウイルスの一種。アデノウイルスベクターは、目的遺伝子をアデノウイルスに組み込み、細胞に感染させることにより遺伝子を導入する。

——逆に、日本はその下地がなかったということになりますか。

山中　日本でも、大学などの中での研究者のレベルでは、一部研究は行われていたと思います。ただ、大学で生まれた成果を実用化するためには、企業にしっかり橋渡しをする必要があるんですね。大学と企業の間には谷があって、そこにはまり込んでしまうと開発がストップしてしまいます。それを「死の谷：Valley of death」と表現します。

——死の谷？

山中　はい。例えばアメリカの場合、その死の谷をベンチャー企業が、豊富な資金力と豊富な人材で乗り越える成功例がたくさんあります。モデルナもそうですし、ドイツのビオンテックもアメリカから多額の資金提供を受けています。一方、日本でもたくさんのベンチャー企業が頑張っておられるんですが、やはり資金力や人材面で見ると不十分なところがある。しかし、単にアメリカのようにベンチャー企業に対して莫大な資金提供をしてくれる投資家を期待する、というやり方をまねするだけではうまくいかないのではないかと。日本の場合、例えば公的な資金を投じて死の谷を乗り越える、といった日本なりのやり方が必要なのではないか。これはワクチン開発だけではなくて、例えばiPS細胞もそうです。死の谷をいかに乗り越えるか、ということは今後、ワクチン開発においても、がんの治療やいろいろな難病の治療法の開発においても課題だと思います。

――その課題に対して、具体的にこういうかたちになったらいいな、というようなものはありますか。

山中　iPS細胞の場合、私たちはその死の谷を埋め、乗り越えるために、2020年に京都大学iPS細胞研究財団という公益財団法人を作りました。目的は、アカデミア（学術界）とベンチャー企業や大手の製薬会社をつなぐこと。死の谷に落ち込んでしまって開発がストップするということを防ぐために活動を開始しました。国の支援もいただいていますし、たくさんの方から寄付というかたちで支援をいただいております。ですから、同じような取り組みが、がんをはじめ難病の治療法やワクチン開発においても必要なのではないかと思います。今回のパンデミックで、日本もワクチンの研究開発にしても、ワクチンを入手して接種を希望する国民にいきわたらせることにしても、様々な経験をしたはずです。その経験から、今後、数年間は日本もワクチンや治療薬に関して、公的な支援が入るのではないかと期待しています。

ただ、そうは言っても、死の谷を乗り越えるのは数年では無理で、やはり10年、20年、30年という長期の視野が必要です。私たちも、京都大学iPS細胞研究財団をいかに長期的に、20年、30年といったスパンで活動を続けていくのか、戦略をいろいろと考えています。ワクチン開発においても、次のパンデミックがいつ来るのか、新たな感染症にいつ襲われるのかはわかりませんから、10年、20年と、きちっと研究を継続し、その成果を医療現場に、患者さんに届けることができるような仕組みが必要だと考えています。

——研究という意味では、今回のパンデミックが起きてからは特に、日本の場合には基礎研究に対する支援がこれまで軽んじられてきた面があるんじゃないか、という話を聞きました。その点については、先生はどのようにお考えですか。

山中　基礎研究に対する支援も非常に大切です。ただ、今回のワクチン開発に関しては基礎研究そのものというよりも、基礎研究を応用につなげること。先ほど言いました橋渡し、つまり死の谷をどう乗り越えるか。そこの部分の脆弱性が日本では顕著になったと私は考えています。ワクチン開発においても、優れた基礎研究はたくさんあるんですね。ただ、その研究成果をワクチンという製品にして、実際に人間に投与するということが大学の研究者ではできないんです。それは企業でしかできないことです。当然、基礎研究はこれまでも、そしてこれからも非常に大切ですが、今回、国産ワクチンの開発・製造に時間がかかっているのは、橋渡しがうまくいっていないことだと私は思っています。

——ｍＲＮＡとｉＰＳ細胞、この二つの可能性は、今後、どんなことが考えられますか。

山中　iPS細胞はできて15年経って、再生医療と創薬という二つの分野の医療応用で、かなり多くのプロジェクトが臨床試験の段階に差しかかっています。ちょうどマラソンで言うと今が中間地点、折り返しくらいだと思います。マラソンもそうですが、後半戦、これからのほうが大変なんですね。資金もかかります。これまで様々な薬の開発を見てきましたが、後半で失敗する例もよくありますので、引き続きしっかりやっていきたいと思っています。

ｍＲＮＡにつきましては、今回、有用性がさらに明らかになりました。今後も、今回のような感染症に対するワクチンはもちろんのこと、がんに対するワクチンであったり、あとは遺伝子治療への応用ですね。フランス人とアメリカ人の女性の研究者ふたりが、２０１２年にCRISPR-Cas9（クリスパーキャスナイン）という、より正確に、簡単に効率よく遺伝子を書き換える技術を開発しました。２０２０年にはノーベル化学賞を受賞されました。この技術に実はｍＲＮＡが使われているんです。ですから、このゲノム編集の技術とカリコ先生の技術を組み合わせていけば、ゲノム編集の医療応用というものがさらに加速するのではないか、そんなふうに期待しています。

――ゲノム編集と聞くと、遺伝子を操作するから怖いのではないかとか、素人だといろいろなことを考えたり心配したりしてしまうのですが、危険な面はないのですか。

山中　ゲノム編集というのは本当にたくさんの使い方があります。

今、私がゲノム編集とmRNA技術との組み合わせと言ったのは、例えばこういう使い方が考えられるということなんです。

生まれつき遺伝子の異常があっても、実際に病気を発症するのはある程度成長してから、という病気が実はたくさんあります。そういう患者さんに対して、異常な遺伝子を正常に戻して病気を治療するというのは、非常に有効な方法なんですよね。遺伝子治療のひとつの種類と考えていいと思うんです。

ただ、一方で、中国で受精卵の遺伝子をゲノム編集で改変し、2018年にHIVに耐性のある双子の女児を誕生させた、というニュースが流れました。こうなると、倫理的な問題を無視した別次元の話ですよね。ゲノム編集や遺伝子治療については、しっかりした倫理的な議論を踏まえて、透明性を高く、どこまでがOKなのか、という線引きをはっきりさせていく必要があると思います。

患者さんの体の細胞で治療のためにゲノム編集を行う、ということは、おそらくかなり多くの方の賛同を得られるのではないかと思います。そこにｍＲＮＡの技術が使えるのではないかと期待しています。

――山中先生は、「マイｉＰＳ細胞」という構想をおもちだと伺いました。どのようなものですか。

山中　ｉＰＳ細胞の特徴は、誰からでも作れるものだということなんです。ですから、私からも作れますし、増田さんからも作れるんです。ただ現状では、お金と時間がかなりかかってしまいます。現在のやり方は、自分からではなく、他の健康なドナーの方の体細胞から作ったｉＰＳ細胞で、いろいろな再生医療の研究を進めています。でもやはり、一番の理想は患者さんご自身の細胞を使うことなんですよね。私たちは今、いろいろな企業の方とも協力して、それぞれの患者さんからｉＰＳ細胞を作るコストと時間をぐっと抑える、そういう技術開発に取り組んでいます。

それを何とか、２０２５年の大阪・関西万博が開催される頃までには達成したいと思っています。

自分のものでなくても、他の人から作ったｉＰＳ細胞でも十分治療できる場合も多いと思います。ただ、病気の種類と患者さんの状態によっては、ご本人の細胞から作ったものであるほうがはるかにいいというケースもあります。そういう場合には「マイiPS細胞」を非常に良心的な価格で提供できる、そういう準備をしています。

今回のワクチンもそうなんですが、国産のものがないというのは、国にとって大変な状況なんですね。輸入に頼るしかないと、供給が安定しませんから非常に厳しい。いろいろな意味で大変です。iPS細胞に関しては、どんな種類のiPS細胞であっても、きちっと国産のiPS細胞を良心的な価格で提供できる。私たちの京都大学iPS細胞研究財団ではこのことが目標であり、最大の使命と考えています。

——良心的な価格というと、誰でも受けられる治療になる、と考えてもいいのでしょうか。

山中　必要な場合は、ということです。日本の場合、医療費は公的医療保険でカバーされます。保険でも、基本的に3割は自己負担ということになります。日本はまたすばらしい国で、高額な医療の場合は、その3割の大部分が公費で支援されます。ですから、どんな高額な医療であっても、誰でも受けられる。すばらしい国ですよね。ただ、その分は税金で負担していますから、その負担が大きくなってしまうと、国の財政が破綻してしまう可能性があります。最近の状況では、1人当たり数千万円とか、1年ちょっと前には1人1回の注射が2億数千万円という新しい治療法もできました。でも、その治療を誰もが受けたいという状況になってしまったら、財政がもたない可能性が高くなってきます。ですから、私たちの財団は、高額な治療が必要な方には数千万円とか1億円ではなくて、100万円くらいで、企業も赤字にはならないけれども、何とかやっていけるぐらいの額で提供できるようにお手伝いをする。公益財団ですので、収益を上げる、株主の方にリターンする必要がありませんので、そういうことを目標にしています。

——山中先生ご自身に関して、他にまだ新しいビジョンはありますか。

山中　iPS細胞に関しては、やはりiPS細胞技術を日本で完成させて、価格を抑えて提供するというのが私の目標です。ただ、研究者としては、やはり基礎研究でまた:iPS細胞のような画期的なことを発見したいと強く思っています。

——じゃあ、もうその研究は進んでるんですね?

山中　この15年、iPS細胞の開発に懸命に取り組んできました。そのために基礎研究をちょっと我慢して後回しにしてきたんです。幸いなことに、iPS細胞に関しては、いろいろな研究者の方が一生懸命に取り組んでくださっていますので、これからはもうちょっと基礎研究の時間を増やそうかなと思っています。

――カリコさんにお話を伺ったときにも思ったことなのですが、それほどまでに研究心を駆り立てるものって、いったい何なんでしょうか。

山中　第一はワクワクドキドキする好奇心です。特に基礎研究者は、朝起きて、今日は何が起こるかわからないという仕事なんですね。来る日も来る日も実験を繰り返して、結果が出るには時間がかかりますから何も起こらないときも多いんですが、時々、やはりびっくりすることが起こるんです。自分では想像しなかったような実験結果が起こる。その瞬間ですよね。その興奮が私にとっての原動力なんです。

私の場合、非常にラッキーで、大学院生で初めて行なった実験で、予想外の結果が起こったんですね。そのときの自分の思いと興奮といいますか、それが忘れられなくて研究しているようなものです。それはやはり基礎研究の特権なんですね。応用研究はゴールがはっきりしていますから、それに向かって走り続けて、意外な結果っていうのは横に置いておく必要もあるんです。しかし、基礎研究はどこに行くのも自由ですし、真っ白なキャンバスに自分でどんどん絵を描いていくのと同じなんです。何を描くのも自由、カリコ先生のようにわき目もふらずにまっすぐ前を向き、しっかりと腰を据えて進めるというやり方もありますし、私のように、結果に応じてふらふら、あっちに行き、こっちに行き、というやり方もあります。それが自由にできるのが基礎研究の醍醐味だと思っています。

――最後にカリコ先生に一言、メッセージをお願いできますでしょうか。

山中　カリコ先生、まだ直接お会いできていませんが、リモートで一度だけ対談させていただきました。カリコ先生のこれまで歩んでこられた研究者としての人生、そして非常に謙虚な態度に本当に心から尊敬の念を強く抱いています。ワクチンのおかげでコロナの前の状態に近づいて、世界中を旅行でき、直接お会いできる状況になったら、ぜひすぐにでもお会いしたいと思っています。そのときはよろしくお願いいたします。

――何を一番話したいですか、カリコ先生と。

山中　やはり、まずは「ありがとう」と。私もファイザー・ビオンテック製のワクチンを接種しました。私だけでなく、カリコ先生の研究のおかげで世界中の多くの人たちが救われたということを真っ先にお伝えしたいと思います。

――ありがとうございました。

おわりに

２０２１年８月の終わり、ハンガリーの首都ブダペストにカリコ氏の肖像を描いた巨大な壁画が誕生しました。新型コロナ感染症のワクチン開発の基礎を築き、世界中の人たちの命を守る一助となったことを称えて制作されたのです。12日間におよぶ作業の仕上げでは、唇に色をさし、「未来はハンガリー人によって描かれる」とメッセージが書き込まれました。発案したのは、ブダペスト市内の都市デザイナー。「カタリン・カリコ氏は真のハンガリー人のロールモデルだ。彼女はワクチンの開発に貢献しただけではなく、若いハンガリー人に、ハンガリー人として世界にとてもポジティブな影響を与えることができると証明した」と話しています（２０２１年８月29日ロイター）。カリコ氏もまた、Twitterで「サプライズでした。とても大きなサプライズ」とつぶやき、母国の人々と喜びを共有しました。片道切符でアメリカに渡らざるをえなかった若き研究者が、このような日を迎えようとは、誰が想像したでしょう。壁画を見た市民は「彼女を誇りに思っている」「ノーベル賞を受賞できるといいわね」と期待に胸を膨らませます。ブダペスト市内でも緑の多い一角にある、この集合住宅の壁に描かれた笑顔のカリコ氏は、今や「ハンガリーの希望」なのです。

カリコ氏の恩師、トート先生は「彼女を支えた教師たちも、彼女によって支えられた」という話をしてくれました。自身の好きなことと才能が一致していたカリコ氏は、そもそも能力が高く、そういう意味では恵まれていたと言えるでしょう。しかし、彼女は決して奢ることなく、ピンチのときにも自らを卑下することなく、「病に苦しむ人たちを助けたい」という自身の思いを遂げるために、ただひたすら邁進してきただけなのです。そうしたカリコ氏の生きる姿勢は、子どものころから変わっていません。その姿を見て、彼女を支えてきた教師たち、大人たちが、自身が苦しみ、悩んだときに、どれだけ彼女の姿に支えられたことでしょう。私にはその気持ちがよくわかります。私自身、講師という立場でしたが、30年近く教壇に立ちながら、取材活動を続けてきたのは、子どもたちから様々なことを教えられ、その姿に支えられてきたからに他なりません。世の中の様々な問題に正面から向き合うことは、心身ともに疲弊することも多く、しかも取材の成果を伝えようとしたときに、世界は全く違うけれど、カリコ氏が経験したような困難にどれだけぶつかったことか。自暴自棄になったことは数知れず、しかしそんなときでも、教壇に立ち、生徒たちと向き合って一緒に学んでいると、いつの間にかそうした悩みや苦しみを忘れてしまう自分がいたのです。学ぶことに素直に向かってくる生徒たちに私自身も真っ直ぐに向き合い、日々の生活を無邪気に送っている彼らの姿に心が癒やされました。

これは、教師と生徒という関係だけではありません。人と人との関係がどうあるべきか、という基本ではないかと私は思います。そして、その関係を大切に育くんでいくために自分自身がどうあるべきか。カリコ氏の生きざまは、私にそんなことを教えてくれたのです。

カリコ氏の姿はまた、科学者を目指す女性たちのロールモデルにもなるでしょう。それだけでなく、誰もが重苦しい空気につつまれているコロナ禍にあって、彼女を知ることが生きる励みにつながってくれることを願ってやみません。

本書は、自由に取材活動ができない中、本当に多くの方々に助けられ、支えられて書き上げることができた作品です。ご協力いただいた方々は巻末に掲載させていただ

©szinesvaros.hu / Brain Bar

きました。この場をかりてお礼を申し上げます。アメリカ、ハンガリー、日本にあって、リモートという形でつながることができたのは、コロナ禍だったからこそ、とも言えるでしょう。私自身、全てのことに感謝をして、これからも前を向いて進んでいきたい。

２０２１年９月吉日

ジャーナリスト　増田ユリヤ

The “Goddess of Vaccine” is an immigrant from Hungary

It was February of 2021. While the COVID-19 pandemic continued to ravage the country, Japan was about to start nationwide vaccinations. Back then, people believed it would take at least two or three years to develop a vaccine for the COVID-19 virus. But in less than a year, vaccines were authorized for emergency use. The two popular vaccines, the Pfizer-BioNTech and Moderna COVID-19 vaccines, were developed by pharmaceutical companies in the United States. But it was the research of Dr. Katalin Kariko, a Hungarian who immigrated to the United States, that laid the foundation for both vaccines. Dr. Kariko had been conducting research on messenger RNA (mRNA) for nearly 40 years, and a technology she developed with her co-worker Dr. Drew Weissman played a vital role in the swift development of the new vaccines.

I learned about Dr. Kariko when I worked on a Japanese TV program segment about vaccines. It so happened that the program was aired the day before Valentine’s Day, known in Japan also as “Vaccination Day” to commemorate the first vaccination in Japan to fight smallpox in 1790. While describing the history of vaccination in Japan, I explained to the Japanese audience how Dr. Kariko’s years

of research were key to the development of the new vaccine to fight the deadly virus. In the program, I was only able to discuss Dr. Kariko, who back then was virtually unknown to the general public, for a few minutes. But for some reason, Dr. Kariko stuck in my mind. That may be because I had been reporting on immigrants particularly from Europe for over a decade, and because I visited Hungary to report on the European migrant crisis in 2015.

The founders of BioNTech, the German biotech venture firm that developed the vaccine along with Pfizer, were a couple of Turkish descent. Dr. Ugur Sahin, the CEO of BioNTech who also had been researching mRNA, happened to attend one of Dr. Kariko's lectures about 10 years ago and invited Dr. Kariko to join his company as vice president to help with the development of new drugs using mRNA.

Meanwhile, one of the founders of Moderna was a biologist who had been researching induced pluripotent stem cells, or iPS cells, at Harvard University. Dr. Derrick Rossi found that it was possible to create these embryonic stem cells more efficiently by using the modified mRNA molecules developed by Dr. Kariko. Dr. Rossi's findings helped boost awareness of the benefits of mRNA, and have helped

advance the development of COVID-19 vaccines using modified mRNA.

Dr. Rossi's use of mRNA to produce iPS cells led to an amicable relationship between Dr. Kariko and Dr. Shinya Yamanaka, whose research on reprogramming adult cells to generate iPS cells won him a Nobel prize in 2012. During a remote interview, Dr. Yamanaka explained how Dr. Kariko's once unnoticed discovery had opened the door to a whole new wave of possibilities in gene therapy and other medical applications. Dr. Yamanaka also described the issues Japanese scientists faced and explained the importance, and difficulties, of pure science research in the academic world.

What all this indicates is that the development of COVID-19 vaccines is not due to a recent, sudden scientific breakthrough, but is the result of years and years of research by numerous dedicated scientists around the world. In particular, Dr. Kariko's years of hard work and devotion to mRNA research laid the groundwork for the development of the world's first mRNA vaccine for humans. I will forever treasure the opportunity to have been able to interview Dr. Kariko, albeit remotely due to the pandemic. Her frank and open personality; her sincerity that she offers everyone who she encounters; her dedication to research, and a lifestyle

that treasures her homeland Hungary and her beloved family; all these traits of Dr. Kariko that I encountered in the process of writing this book made a deep impression on me.

Another important thing to note is that to Dr. Kariko, teachers from one's school days are very important figures in one's life that one must appreciate. Among her teachers from Hungary, Dr. Albert Toth, who recognized the young girl's talent from very early on and encouraged her during difficult times, is very special to Dr. Kariko. The two have kept in touch other over the years and Dr. Kariko makes it a point to visit him whenever an opportunity arises.

I was able to conduct a remote interview with Dr. Toth, who spoke to me from the biology classroom at the high school in Hungary that Dr. Kariko attended. He shared his precious memories and episodes about young "Katie," even showing me letters and notes about the various projects they worked together on that he had kept over the years. Not only did Dr. Toth help bring out the talent of his students by stimulating their curiosity, he also taught, in his own special way, the importance of growing to be a respectable person. And Dr. Kariko has followed her mentor's teachings to this day. I'm sure many will agree that this is an example

of an ideal relationship between a teacher and a student.

This book is not about the effects of the vaccines. I wrote this book in the hope of sharing with readers the life of Katalin Kariko, an immigrant scientist from Hungary whose dedication and determination resulted in a discovery which played a pivotal role in the development of the COVID-19 vaccines. It will be a great honor if this book can in some small way help give readers the strength to face the difficulties that have been brought upon to us all by the pandemic.

September 2021

Julia Masuda

主な参考文献

日本語の情報

・ハンス・セリエ（細谷東一郎訳）『生命とストレス　超分子生物学のための事例』（工作舎）1997年

・マルクス・ジョルジュ（盛田常夫編訳）『異星人伝説　20世紀を創ったハンガリー人』（日本評論社）2001年

・出村政彬『ちゃんと知りたい！新型コロナの科学』（日経サイエンス社）2020年

・宮坂 昌之『新型コロナワクチン 本当の「真実」』（講談社現代新書）2021年

・改訂　生物［2 東書 生物 306］高校教科書　文部科学省検定済教科書

・改訂 生物基礎　［2 東書／生基 311］　文部科学省検定済教科書

・THE WALL STREET JOURNAL 日本版（WEB）2020年12月3日

・「彼女こそ、ワクチン開発の「影のヒロイン」だ」NewsPicks　2020年12月11日
https://newspicks.com/news/5444075/body/

・「コロナの革命的ワクチンを導いた女性移民研究者」論座（WEB）2020年12月24日
https://webronza.asahi.com/science/articles/2020122100010.html

・「きっかけは山中教授　開発の立役者が語るワクチン」毎日新聞（WEB）2021年3月14日
https://mainichi.jp/articles/20210312/k00/00m/030/304000c

・「コロナで変わる世界：第3部　イノベーションの時代／（その1）mRNAワクチン立役者　テディベアに全財産隠し」毎日新聞（WEB）2021年3月17日
https://mainichi.jp/articles/20210317/ddm/001/040/126000c

・「カタリンの物語」毎日新聞（WEB）2021年1月30日
https://mainichi.jp/articles/20210130/ddm/002/070/135000c

・山中伸弥による新型コロナウイルス情報発信（covid19-yamanaka.com）

・京都大学 iPS 細胞研究所 CiRA（サイラ）（kyoto-u.ac.jp）

・ノーベル医学・生理学賞|ノーベル賞 2020 NHK 特設サイト

・ノーベル化学賞|ノーベル賞2020 NHK特設サイト
・NHK高校講座「生物基礎」NHK Eテレ
・「大下容子ワイド！スクランブル」テレビ朝日系列
・「第14回 セントラルドグマ」「サイエンスZERO」NHK「新型コロナ収束のカギ！mRNAワクチンに迫る」2021年8月22日放送

英語の情報

カリコ氏とmRNA開発にいたる物語

・"The story of mRNA: How a once-dismissed idea became a leading technology in the Covid vaccine race" STAT/Boston Globe Nov 10, 2020
https://www.statnews.com/2020/11/10/the-story-of-mrna-how-a-once-dismissed-idea-became-a-leading-technology-in-the-covid-vaccine-race/
・"Covid vaccine technology pioneer: 'I never doubted it would work,'" The Guardian Nov 21, 2020
https://www.theguardian.com/science/2020/nov/21/covid-vaccine-technology-pioneer-i-never-doubted-it-would-work
・"A typical Hungarian story: Katalin Kariko," Hungarian Spectrum, Nov 22, 2020
https://hungarianspectrum.org/2020/11/22/a-typical-hungarian-story-katalin-kariko/
・"'Redemption': How a scientist's unwavering belief in mRNA gave the world a Covid-19 vaccine," The Telegraph, Dec 2, 2020
https://www.telegraph.co.uk/global-health/science-and-disease/redemption-one-scientists-unwavering-belief-mrna-gave-world/
・"Face to Face with Katalin Kariko, the scientist and vice president of BioNTech to whom we owe the Pfizer and Moderna's antidotes to the coronavirus," Corriere del Ticino, Jan 18, 2021
https://www.cdt.ch/onthespot/face-to-face-with-katalin-kariko-the-scientist-and-vice-president-of-biontech-to-whom-we-owe-the-pfizer-and-moderna-s-antidotes-to-the-coronavirus-DK3628401?_

sid=RPVPDvbJ

・"The hero biochemist who pioneered COVID vaccine tech was professionally spurned for years prior," Salon, Jan 24, 2021
https://www.salon.com/2021/01/24/the-hero-biochemist-who-pioneered-covid-vaccine-tech-was-professionally-spurned-for-years-prior/

・"How our brutal science system almost cost us a pioneer of mRNA vaccines," wbur Feb 12, 2021
https://www.wbur.org/news/2021/02/12/brutal-science-system-mrna-pioneer

・"The Incredible (scientific) journey of Prof. Kariko," Lifestyles Magazine, pre-Spring 2021
http://www.lifestylesmagazine.com/web/wp-content/uploads/2021/02/Kariko.pdf

・"The mRNA vaccine revolution is just beginning," Wired UK, March 6, 2021
https://www.wired.co.uk/article/mrna-vaccine-revolution-katalin-kariko

・"Kati Kariko helped shield the world from the coronavirus," The New York Times, April 17, 2021
https://www.nytimes.com/2021/04/08/health/coronavirus-mrna-kariko.html

・"The Vaccine Trenches," The Pennsylvania Gazette, April 20, 2021
https://thepenngazette.com/the-vaccine-trenches/

・"Pfizer-BioNTech vaccine creator presents at Academy of Science," Hungary Today, May 3, 2021
https://hungarytoday.hu/katalin-kariko-mta-science-academy-pfizer-vaccine-creator-hungarian-scientist-pfizer/

・"Pfizer-BioNTech vaccine creator Kariko: Research is my passion, I'm not a hero, healthcare workers are the heroes," Hungary Today, May 12, 2021
https://hungarytoday.hu/katalin-kariko-zoran-inspiration-pfizer-biontech-vaccine-creator-klubradio/

・“How mRNA became a vaccine game-changer,” FT Magazine, May 13, 2021
https://www.ft.com/content/b2978026-4bc2-439c-a561-a1972eeba940
・“Our science and the Covid-19 pandemic—Katalin Kariko's research idea and her perseverance,” Structural Chemistry, May 25, 2021
https://www.ncbi.nlm.nih.gov/pmc/articles/PMC8143802/
・“Katalin Kariko: BioNTech to develop mRNA vaccines for every virus,” Hungary Today, June 2, 2021
https://hungarytoday.hu/katalin-kariko-mrna-vaccines-technology/
・“The Unlikely Pioneer Behind mRNA Vaccines,” The New York Times podcast transcript June 10, 2021
https://www.nytimes.com/2021/06/10/podcasts/the-daily/mrna-vaccines-katalin-kariko.html
・“Smart Thinker: how Dr. Katalin Kariko emerged as a COVID-19 vaccine champion,” Mindfood, June 11, 2021
https://www.mindfood.com/nz/article/smart-thinker-how-dr-katalin-kariko-emerged-as-a-covid-19-vaccine-champion/
・“Katalin Kariko's Elementary Biology Teacher: We knew she was gifted,” Hungary Today, June 12, 2021
https://hungarytoday.hu/katalin-kariko-origin-biology-teacher-hungary/
・Academy of Europe
http://www.ae-info.org/ae/Member/karik%C3%B3_Katalin

社会主義政権時代のエージェント疑惑

・“Covid-19 vaccine scientist Katalin Kariko was listed as Communist-era police informant,” Euronews, May 24, 2021
https://www.euronews.com/2021/05/24/covid-19-vaccine-scientist-katalin-kariko-was-listed-as-communist-era-police-informant
・“I was innocent”: Soviet-era ghosts return to haunt Covid-19 vaccine scientist” Euronews, May 27, 2021
https://www.euronews.com/2021/05/25/i-was-innocent-soviet-era-ghosts-return-to-haunt-covid-19-vaccine-scientist

娘のスーザンが語る母カリコ氏

・Olympic rowing champ's mom helped pave way to coronavirus vaccine," NBC Sports, Dec 18, 2020
https://olympics.nbcsports.com/2020/12/18/susan-francia-katalin-kariko-rowing/

・"Unlocking the essential element to rowing and the covid-19 vaccine," World Rowing, March 3, 2021
https://worldrowing.com/2021/03/03/unlocking-the-essential-element-to-rowing-and-the-covid-19-vaccine/

・"Olympian Susan Francia on how her mother helped develop the Covid-19 vaccines and their American dream," ESPN, June 28, 2021
https://www.espn.com/olympics/story/_/id/31707795/olympian-susan-francia-how-mother-helped-develop-covid-19-vaccines-their-american-dream

ハンガリー語の情報

セゲド大学ホームページ・カリコ氏紹介ページ

・https://mediateka.ek.szte.hu/exhibits/show/kariko_katalin_szte/kezdet（こども時代〜高校）

・https://mediateka.ek.szte.hu/exhibits/show/kariko_katalin_szte/egyetem（大学時代）

・https://mediateka.ek.szte.hu/exhibits/show/kariko_katalin_szte/szbk（ハンガリー科学アカデミーセゲド生物学研究所時代）

アルベルト・トート氏関連

・アルベルト・トート著「Zounuk　A JÁSZ-NAGYKUN-SZOLNOK MEGYEI LEVÉLTÁR ÉVKÖNYVE　24.　Különnyomat」（Zounuk ――ヤース・ナジクン・ソルノク県の資料館　年鑑第24版　別冊）

・「カリコー・カタリンの道を開いたキシュウーィサーラーシュの教師」szoljon 2021年2月23日

https://www.szoljon.hu/kozelet/helyi-kozelet/kariko-katalin-utjat-egyengette-a-kisujszallasi-tanar-3289906/

カタリン・カリコ氏略年譜

1955年　精肉店経営者の父のもとハンガリー東部キシュウーィサーッラーシュで生まれる

1956年　<<ハンガリー事件>>

1973年　セゲド大学理学部に進学

1978年　セゲド大学大学院博士課程に進学。ハンガリー科学アカデミーの奨学生となり、mRNAの研究を始める

1982年　ハンガリー科学アカデミーセゲド生物学研究所ポスドク

<<80年代前半　ハンガリー経済が衰退、研究グループ解散へ>>

1985年　米国に一家で移住。テンプル大学ポスドク

1989年　<<冷戦の終焉。ハンガリーでも民主化革命、共産党単独政権崩壊>>
　　　　ペンシルベニア大学医学部に研究助教として移籍

1997年　ドリュー・ワイズマン氏と出会い、共同研究を始める

2005年　人工的に作ったmRNAに化学修飾を施すと炎症をおさえられるという発見を論文発表

2013年　ビオンテックに移籍。アメリカとドイツを往復する生活に

2019年　同社上級副社長

2020年3月　ビオンテックは、ファイザーと治験・製造販売で協力合意。その後世界規模で数万人を対象に治験、90%を超える有効率が示される

　　　12月18日　カリコ氏が自分の開発したワクチンを接種

2021年　ペンシルベニア大学客員教授

カリコ氏の主な表彰リスト

［ハンガリー国内］

・セーチェニ賞

ハンガリー国内でもっとも名誉ある賞。優れた功績を残した科学者・教育者を表彰する。

2021年8月（以下はハンガリー政府公式サイト 2021年3月15日）

https://kormany.hu/hirek/allami-kituntetesek-marcius-15-en

・センメルヴェイス賞

健康保健大臣が、公衆衛生、治療、予防医学などの面で功績を残した者を表彰する。

「手洗いの父」として有名なドイツ系ハンガリー人センメルヴェイスにちなんでいる。

2021年（以下はハンガリー政府公式サイト 2021年5月25日）

Semmelweis Ignác-díjat kapott Karikó Katalin (kormany.hu)

［ハンガリー国外］

・［アメリカ］ルイザ・グロス・ホロウィッツ賞（ワイズマン博士とともに）

米コロンビア大学が、生物学、生化学の基礎研究において貢献した研究者に授与される。

過去の受賞者のうち半数近くがノーベル賞を受賞しているため、ノーベル賞の有力な先行指標とされている。

2021年8月

https://www.cuimc.columbia.edu/research/louisa-gross-horwitz-prize

・［ドイツ］ヴュルツブルグ物理医学会賞

2021年8月

ドイツ・バイエルン州のユリウス・マクシミリアン大学の物理医学会が与える賞

女性としては初めての受賞

https://www.uni-wuerzburg.de/en/news-and-events/news/detail/news/die-frau-hinter-dem-impfstoff-durchbruch-1/

・慶応医学賞

医学・生命科学の分野で優れた業績をあげた研究者に授与される。

2021年9月

http://www.ms-fund.keio.ac.jp/prize

リサーチ・取材協力スタッフ

[英文テキスト、英文リサーチ、取材通訳]

イヴォンヌ・チャング

[ハンガリー情報のリサーチ／アルベルト・トート先生取材協力]

・Móricz Zsigmond Református Gimnázium
（モーリツ・ジグモンド・レフォルマートゥシュ高校）
・ハンガリー経済情報 /Gwap Consulting Kft.
鷲尾亜子
・日本ハンガリーメディアート
武田友里（リサーチ）
ヴィダ三月（通訳）
武田アッティラ（撮影）

[カリコ氏壁画制作／壁画写真提供]

・szinesvaros.hu
・Brain Bar

[アメリカ取材協力]

山本章弘（NTV International Corporation）

[校閲協力]

田邉芳男（科研製薬株式会社　取締役）
半田一己（科研製薬株式会社　研開企画部主任）

[池上彰と増田ユリヤの YouTube 学園]

池上彰

植田城維（Hybrid Factory）

藤野正義（Hybrid Factory）

[協力]

・京都大学 iPS 細胞研究所（CiRA）
・駐日ハンガリー大使館

編集協力／笠原仁子
カバー、図版、一部フォーマットデザイン／フロッグキングスタジオ
植松淳（ジバ総合美術工房）
地図／デザイン春秋会
校正／麦秋アートセンター
ボブ・ハラム

YouTube: 池上彰と増田ユリヤのYouTube学園

「YouTube学園」では、カリコ氏ほか、本書に関するインタビューが紹介されています。

・「ワクチン開発の立役者 カタリン・カリコ氏に気になること全部聞いた！」

・「コロナワクチンで脚光を浴びた“mRNA”実はiPS細胞などにも活用されている？そのすごさを山中伸弥教授に聞きました」

増田ユリヤ《ますだ・ゆりや》

神奈川県生まれ。國學院大學卒業。27年にわたり、高校で世界史・日本史・現代社会を教えながら、NHKラジオ・テレビのリポーターを務めた。日本テレビ「世界一受けたい授業」に歴史や地理の先生として出演のほか、現在コメンテーターとしてテレビ朝日系列「大下容子ワイド!スクランブル」などで活躍。日本と世界のさまざまな問題の現場を幅広く取材・執筆している。著書に『新しい「教育格差」』(講談社現代新書)、『教育立国フィンランド流　教師の育て方』(岩波書店)、『揺れる移民大国フランス』(ポプラ新書)など。池上彰とテレビやYouTubeなどで、ニュース解説も行なう。

ポプラ新書
215
世界を救うmRNAワクチンの
開発者　カタリン・カリコ
2021年10月4日 第1刷発行

著者
増田ユリヤ
発行者
千葉 均
編集
木村やえ
発行所
株式会社 ポプラ社
〒102-8519 東京都千代田区麹町 4-2-6
一般書ホームページ www.webasta.jp
ブックデザイン
鈴木成一デザイン室
印刷・製本
図書印刷株式会社

N.D.C.467/188P/18cm ISBN978-4-591-17144-8

P8201215

揺れる移民大国フランス
難民政策と欧州の未来

増田ユリヤ

シャルリー・エブド襲撃事件、続けて起こったパリ同時多発テロと今なお衝撃と恐怖に支配されている欧州。それでも移民や難民を受け入れ続ける人々。10年以上にわたりフランスを取材し続けていた著者だからこそ語ることができる、迫真のルポルタージュ。

ポプラ新書　好評既刊

世界史で読み解く現代ニュース

池上彰＋増田ユリヤ

世界史を知っていれば、現代のニュースが理解できる。現代のニュースからさかのぼれば、世界史が興味深く学べる。第一弾の本書では、中国の海洋進出の野望のルーツを中国の「大航海時代」に求め、中東に現在も影響を与え続けているオスマン帝国からイスラム紛争を読み解いてゆく。

生きるとは共に未来を語ること　共に希望を語ること

昭和二十二年、ポプラ社は、戦後の荒廃した東京の焼け跡を目のあたりにし、次の世代の日本を創るべき子どもたちが、ポプラ（白楊）の樹のように、まっすぐにすくすくと成長することを願って、児童図書専門出版社として創業いたしました。

創業以来、すでに六十六年の歳月が経ち、何人たりとも予測できない不透明な世界が出現してしまいました。

この未曾有の混迷と閉塞感におおいつくされた日本の現状を鑑みるにつけ、私どもは出版人としていかなる国家像、いかなる日本人像、そしてグローバル化しボーダレス化した世界的状況の裡で、いかなる人類像を創造しなければならないかという、大命題に応えるべく、強靭な志をもち、共に未来を語り共に希望を語りあえる状況を創ることこそ、私どもに課せられた最大の使命だと考えます。

ポプラ社は創業の原点にもどり、人々がすこやかにすくすくと、生きる喜びを感じられる世界を実現させることに希いと祈りをこめて、ここにポプラ新書を創刊するものです。

未来への挑戦！

平成二十五年　九月吉日　株式会社ポプラ社